Rucola

Die besten Rezepte

Karin Messerli

Rucola

Die besten Rezepte

AT Verlag

AT Verlag, Baden und München
Fotos: Ruth Küng, Fotostudio Grünert AG, Zollikon (Rezepte und Umschlag);
Fotoküche: Regula Brodbeck, Wädenswil
Requisiten: Lisa Feiler, Bern
Gestaltung und Satz: AT Verlag, Baden
Lithos: AZ Print, Aarau
Druck und Bindearbeiten: Stalling, Oldenburg
Printed in Germany

ISBN 3-03800-213-5

www.at-verlag.ch

Inhalt

Vorwort

Meine besten Rezepte mit Rucola, Bärlauch und Löwenzahn erschienen 1998. Damals als »Trendkraut« angekündigt, ist Rucola inzwischen ein allseits beliebter Klassiker geworden. Vielleicht ein wenig dank meinem Büchlein, das sich inzwischen bereits 30 000-mal verkauft hat. Vor allem aber dank allen kochenden, schlemmenden, experimentierfreudigen Genießern.
Seither habe ich weiter Rezepte und Ideen gesammelt, gekocht, getestet, aufgeschrieben. Immer mit der Frage im Hinterkopf, ob es sich denn rechtfertigen lässt, ein weiteres Buch über und ausschließlich über Rucola zu machen. Zumal es bereits so viele Bücher gibt und Rucola nicht die Ingredienz für großartige Rezepturen und außergewöhnliche Kochkünste ist. Neue Kombinationen und das Weiterentwickeln der klassischen Verbindungen – wie Rucola mit Parmesan – haben mich überzeugt. Den kleinen, aber feinen Unterschied macht oft weniger die Rezeptur aus als das, wo alles beginnt und endet: die Zutaten. So schmeckt Rucola aus dem Beutel eben anders als Freiland-Rucola. Kann die Wahl von Meersalz oder Fleur de Sel das gewisse Etwas bewirken. Ist Pfeffer nicht gleich Pfeffer, weil ein Sarawak-Pfeffer die Schärfe des Rucola nicht konkurrenziert. Und wird ein Balsamessig oder ein ausgesuchtes Olivenöl ein bekanntes Gericht zu einer Neuentdeckung machen.
Ob wiederentdeckt oder neu erfunden – wer sich die Zeit nimmt, nach hochwertigen, saisonal und mit Leidenschaft produzierten Zutaten zu suchen, wird Rucola von seinen besten Seiten kennen lernen.

Karin Messerli

Warenkunde

Rucola, Rauke, Ölrauke, Echte Rauke

Eruca vesicaria ssp. *sativa*

Allgemein

- Rucola gehört zur Familie der Kreuzblütler (wie Broccoli und Blumenkohl) und gedeiht sowohl auf der südlichen wie auf der nördlichen Halbkugel. Einst nur als Wildkraut bekannt, ist Rucola heute jedem vertraut und das ganze Jahr überall erhältlich.
- Das Kraut schmeckt leicht nussig, zart bis kräftig, erfrischend scharf (senfähnlich), manchmal leicht bitter.
- Rucola gilt als sogenanntes Salatkraut, ist aber weder ein Salatgemüse noch ein echtes Gewürzkraut. Verwendet wird Rucola am meisten in Mischsalaten, allein für sich, zum Würzen in Füllungen und frisch zum Bestreuen etwa von Pizza oder Pasta.
- Angebaut wird das Kraut im Freiland (Aussaat April bis Anfang September, Ernte von Anfang Mai bis Oktober) wie auch im Folientunnel und im Gewächshaus (Aussaat und Ernte ganzjährig).
- Rucolasamen sind sehr ölhaltig: In Mittel- und Zentralasien weden sie gemahlen, zu Senf verarbeitet oder zur Gewinnung von Öl ausgepresst.
- Englisch heißt das Kraut *arugula* oder *rocket*, französisch *roquette*, italienisch *rucola*.

Gesundheit

- Rucola ist reich an Vitamin C. Die organischen Säuren regen den Appetit an und die aromatischen Bitterstoffe regulieren das Hunger- und Sättigungsgefühl, wirken verdauungsfördernd und harntreibend.
- Die Pflanze ist reich an sekundären Pflanzenstoffen (stärkt die Zellen) und arm an Kalorien.

Einkauf

- Rucola wird bundweise, offen oder küchenfertig im Beutel abgepackt (100–200 g) sowie in Mischsalaten angeboten.
- Die Blätter sind entweder fein gefiedert mit zartem Stiel oder mit kräftigen Blättern und kräftigem Stiel erhältlich.
- Ein Bund wiegt zwischen 80 und 100 Gramm.
- Rucola gedeiht problemlos in Töpfen oder Kistchen auf dem Balkon. Samen sind beim Großverteiler und im Samenhandel erhältlich. Zur Ernte immer die äußeren Blätter abknipsen. Beginnt Rucola zu blühen, wird das Wachstum der Blätter eingestellt. Die Blüten können für Salate verwendet werden.
- Rucolasprossen sind auf Substratmatten in Kartonkistchen (im Kühlgestell) erhältlich. Man schneidet sie mit etwas Stiel knapp über dem Substrat ab. Zu verwenden wie ein Gewürz.

Küche

- Rucola verlesen, grobe oder lange Stiele kürzen, dann die Blätter unter fließendem kaltem Wasser waschen und trockenschleudern.
- Rucola im Beutel ist küchenfertig vorbereitet und muss nur noch gewaschen werden (Packungsanweisung beachten!).

Aufbewahren

- Rucola noch feucht in einen Plastikbeutel geben oder in ein feuchtes Tuch wickeln und im Gemüsefach des Kühlschranks aufbewahren. Haltbarkeit: 3–4 Tage.

Andere verwandte Salatkräuter oder Blattgemüse

Geschmacklich verwandt mit Rucola, ähnlich kräftig-würzig und pikant im Geschmack sind Winterportulak oder Portulak, verschiedene Kressearten, Mizuna und andere asiatische Blattgemüse. Neben Blattsalaten eignen sich diese daher besonders gut zur Mischung mit Rucola. Oder sie können anstelle von Rucola in Salaten verwendet werden – dies gilt insbesondere für Portulak und Brunnenkresse. Zum Kochen eignen sich Mizuna und die asiatischen Blattgemüse am besten als Ersatz.

Winterportulak oder Portulak

Zwei Arten von Portulak werden als Gemüse verwendet: Winterportulak (Kubaspinat, Tellerkraut) und Sommerportulak (Gemüse- oder Gewürzportulak), der bei uns eher selten angebaut wird. Winterportulak hat fleischige, herzförmige Blätter mit langem zartem Stiel. Beide Sorten sind reich an Vitaminen (C, A, B und B_2) und Nährstoffen (Magnesium, Eisen und Kalzium). Sie schmecken fein würzig. Zu verwenden in Mischsalaten, mit Rucola, zum Garnieren, in Suppen oder als Gemüse wie Spinat zubereitet.

Brunnen- oder Wasserkresse, Winterkresse

Brunnen- oder Wasserkresse und Winterkresse gehören wie Rucola zur Familie der Kreuzblütler. Sie schmecken herb und pikant (rettichartig). Sie sind reich an Vitamin C und Karotin, Eisen und Jod. Brunnenkresse wird das ganze Jahr über geerntet, Haupterntezeit ist jedoch im Winter bis Frühjahr. Winterkresse wird von September bis Mai angeboten. Gut in Mischsalaten, mit Rucola oder als Gewürzkraut für Suppen oder Kartoffelgerichte.

Mizuna

Gehört zur Familie der Kohlgewächse (Brassicaceae). Die gefiederten, zart bis kräftig grünen Blätter besitzen einen feinen, leicht bitteren Senfgeschmack. Mizuna kommt aus Japan, wird roh in Mischsalaten, als Garnitur, eingelegt oder als Gemüse gekocht verwendet. Erhältlich auf Wochenmärkten, bundweise oder im Offenverkauf.

Was gut zu Rucola passt

Öl und Essig

- Arganöl (ein hochwertiges Gourmet-Speiseöl aus Marokko), Nussöl, Olivenöl, Sesamöl, zusammen mit Zitrusfrüchten gepresste Öle
- Apfel-, Balsam-, Balsamico-, Champagner-, Himbeer-, Rotwein-, Tomaten- und Weißweinessig

Kräuter
Pfefferminze, Thymian, Koriander, Dill, Basilikum, glattblättrige Petersilie, Schnittlauch

Blüten
Goldmelisse, Kapuzinerkresse, Ringelblume, Holunder, Löwenzahn, Borretsch, Gänseblümchen

Gewürze und Gewürzmischungen
Senfkörner, Chili, Fenchel, Kreuzkümmel, Zimt, Ingwer, schwarzer Pfeffer, rosa Pfeffer, Sumach, Za'atar (siehe Seite 49), Kapern, Oliven

Samen, Kerne, Nüsse
Mohn, Sesamsamen, Sonnenblumenkerne, Kürbiskerne, Mandeln, Macadamia, Pistazien, Pinienkerne, Haselnüsse, Baumnüsse

Sprossen
Rucola, Zwiebel

Salat und Salatkräuter
Lattich, Krachsalat, Kopfsalat, Endivien, Radicchio, gemischter Salat; asiatische Blattgemüse (siehe Seite 9), Portulak, Brunnenkresse, Bärlauch, Löwenzahn, Schnittzichorie, Kresse

Pilze
Shiitake, Austernpilze, Champignons, Eierschwämme (Pfifferlinge), Steinpilze, Waldpilze

Gemüse und Kartoffeln
Zwiebel, Schalotte, Bundzwiebel, Lauch, Rande (Rote Bete), Fenchel, Tomate, Spargel, Erbsen, grüne Bohnen, Favabohnen (Puffbohnen), Zucchini, Gurke, Radieschen, Rettich, Spinat, Artischocke, Aubergine, Peperoni (Paprika), Kartoffel, Süßkartoffel

Früchte und Beeren
Wassermelone, Honigmelone, Pfirsich, Nektarine, Birne, Granatapfel, Trauben (Weinbeeren getrocknet), Orange, Zitrone, Grapefruit, Mango, Litchi, Papaya, Avocado, Erdbeeren, Johannisbeeren, Preiselbeeren

Milchprodukte
Joghurt (z. B. Schafmilchjoghurt), Halloumi (zypriotischer Grillkäse, siehe Seite 42), Blauschimmelkäse, Parmesan, Pecorino, Sbrinz, Emmentaler, Gruyère, Frischkäse (z. B. von Schaf, Ziege), Mozzarella, Ricotta, Feta

Fleisch
Rind, Lamm, Geflügel, Innereien (z.B. Leber, Hühnerleber), Speck, Parmaschinken

Fisch und Meeresfrüchte
Makrele, Hering, frischer oder marinierter Lachs, frischer oder eingelegter Thunfisch, Matjes, geräucherte Fische wie Aal, Forelle und Lachs, Tintenfisch, Muscheln, Jakobsmuscheln, Crevetten, Scampi, Bärenkrebse, Krebse

Pasta, Reis, Mais
Hartweizenpasta, frische Eierteigwaren, Reis, Linsen, Kichererbsen, Mais (Polenta), Couscous, Brot (Fladenbrot, Ciabatta, Nussbrot)

Küchenpraxis

Die wichtigsten Tipps

- Rucola pur als Salat ist für Rucola-Einsteiger manchmal etwas zu viel an Schärfe und Bitterkeit. Deshalb lieber mit anderen, milderen Blattsalaten, wie zum Beispiel Mesclun, Seite 26, mischen.
- Generell gilt: Je größer das Blatt und je kräftiger der Stiel, desto intensiver schmeckt der Rucola. Wer das Bittere nicht mag, achtet auf fein gefiederte, zarte Blätter.
- Das Kraut sollte frisch-grün sein; gelbe Blattränder sind ein Zeichen mangelnder Frische.
- Feinen Rucola erst kurz vor dem Servieren mit der Sauce anmachen. Kräftige, feste Blätter schon vorher mit der Sauce mischen; sie werden so etwas zarter.
- Rucola schmeckt gekocht wunderbar nussig. Wichtig ist, dass er nur kurz gekocht, gebraten oder gedünstet wird, weil sich sonst der bittere Geschmack intensiviert. Zudem verliert das Kraut dann die kräftig grüne Farbe. Am besten die Blätter immer mit einer Prise Salz bei hoher Hitze unter Wenden rasch braten (am besten rührbraten).
- Unter gekochte Gerichte gemischt wirkt Rucola wie ein Gewürzkraut. Deshalb die Menge fein dosieren und das Kraut erst am Schluss beifügen, damit es knackig bleibt.
- Gut schmeckt Rucola frisch über gekochte Gerichte gestreut: Dafür eher feine Rucolablätter verwenden. Entweder am Schluss unter des fertig zubereitete Gericht mischen und kurz ziehen lassen – dies gilt für Risotto, Pasta, gebratene Kartoffeln, Mischgemüse, Saucen usw. – oder nach dem Anrichten frisch am Tisch darüber verteilen – für Pizza, Quiche, Suppen, Eintöpfe usw.
- Rucola fällt wie Spinat beim Erhitzen zusammen und verliert viel an Volumen. Deshalb braucht es die drei- bis vierfache Menge.
- Rucolapesto kann wie eine Gewürzpaste oder zum Marinieren, zum Beispiel von Geflügelteilen, ganzen Fischen oder Fischfilets mit Haut, Bratenstücken usw., verwendet werden. Wichtig ist, dass das Gericht anschließend eher geschmort als bei hoher Hitze gebraten wird; sonst verbrennt die Paste und wird bitter. Rucolapesto lässt sich auch gut am Schluss unter Kartoffelpüree, Gemüsepüree, Suppen mischen oder als Füllung für Ravioli, Sandwiches usw. verwenden.
- Zu Rucola passen charaktervolle Zutaten, die mit der Schärfe gut harmonieren (siehe auch Seite 9 und 10). Gut sind Nussöle, Nüsse, schwarze Oliven, Blauschimmelkäse wie Roquefort, Sardellen, Kapernbeeren (eingelegt); zum Ausgleichen der Schärfe passt wunderbar auch reife Avocado.

Große und kleine Küchenhelfer

Maßlöffel

Zum Abmessen von Salz, Gewürzen, Kräutern, Zucker, Honig, Öl, Essig usw. 1 Maßlöffel = 12–15 g bzw. ml, erhältlich als Set mit Löffeln unterschiedlicher Größe.

Messbecher

Mit fein abgestufter Maßeinteilung oder in verschiedenen Größen. Am besten aus Glas oder Porzellan.

Schüsseln

In verschiedenen Größen aus Glas, Porzellan oder Kunststoff/Duroplast (Melamin). Zum Mischen oder Anmachen von Salat.

Schüttelbecher

Für die Zubereitung von Salatsaucen und -dressings zu empfehlen. Der Deckel muss perfekt schließen, damit beim kräftigen Schütteln nichts daneben geht. Saucenreste direkt im Schüttelbecher im Kühlschrank aufbewahren.

Einmachglas, Joghurtbecher, Flaschen

Mit gut verschließbarem Deckel. Zum Aufbewahren von Salatsaucen oder -dressings.

Plastikbeutel

Zum kurzfristigen Aufbewahren von Salat, Kräutern und Blüten. Die perforierten Gemüsebeutel sind dafür am besten geeignet: In ihnen kann der Inhalt atmen, die Feuchtigkeit wird automatisch reguliert.

Küchentücher

Zum Trockenschleudern von Salat/Kräutern.

Salatschleuder

Damit werden Salat und Salatkräuter am besten getrocknet. Es gibt Systeme, die sich besonders für feinen Salat und feine Kräuter eignen und nicht nur zum Trockenschleudern, sondern auch zum Salatwaschen eingesetzt werden können: Durch eine Öffnung lässt man das kalte Wasser in die Schüssel mit der Trommel fließen, wodurch sich diese gleichzeitig dreht. Auf diese Weise wird zarter Salat schonend gewaschen.

Salatsieb

Zum Waschen, Abbrausen unter fließendem Wasser oder Abtropfen geeignet. Daneben gehört eine Salatschleuder jedoch zur Grundausstattung der Küche. Denn, um die für eine gesunde Ernährung empfohlenen fünf Portionen Gemüse und Früchte pro Tag zu schaffen, gehört Salat immer auf den Menüplan. Außerdem schmeckt Salat einfach besser, wenn er möglichst trocken mit der Sauce gemischt wird.

Salatschüssel

Sehr dekorativ: Salate in großen Schüsseln angerichtet auf den Tisch stellen. Das hat zudem den Vorteil, dass jeder und jede so viel schöpfen kann, wie er oder sie mag. Den Salat aber vorher in der Küche in einem Gefäß mischen und erst dann in der Schüssel anrichten.

Salatbesteck

Das Salatbesteck muss größer sein als Tafellöffel und -gabel, am besten aus Holz, zum Beispiel Olivenholz, oder aus Horn. Metallbestecke gehen auch, wirken jedoch eher kalt, und man sollte sie auf keinen Fall in der Schüssel lassen; sie entziehen dem zarten Salat Energie.

Salatteller

Dafür können tiefe Teller, Suppenteller oder Bowlen verwendet werden. Für festlicheres Anrichten und für feine Blattsalate mit festen Zutaten sind flache Teller zu empfehlen.

Pinsel

Zum Säubern von Pilzen. Pilze sollten nur im Notfall gewaschen werden, da sie sich leicht mit Wasser vollsaugen.

Schere

Mit einer gut schneidenden Haushaltschere kann man Zeit sparen: Kräuter, zum Beispiel Petersilie oder Schnittlauch, werden gleich direkt über den Salat, den angerichteten Teller oder die Schüssel geschnipselt.

Hobel

Ein wichtiges Werkzeug in der Salatküche. Der Hobel muss handlich sein, mit scharfer, verstellbarer und eventuell auswechselbarer Klinge sowie einem Fingerschutz. Zudem sollte er einfach zu reinigen oder sogar spülmaschinenfest und platzsparend zu versorgen sein. Fast alle diese Ansprüche erfüllt der Hobel aus Kunststoff mit Keramikklinge. Denn nur diese ist spülmaschinenfest (außerdem rostet sie nicht und bleibt scharf). Es gibt ihn als Hobel (ohne verstellbare Klinge) und als Julienne-Schneider. Erhältlich im Fachhandel. Ideal für Wurzelgemüse, Rettiche, Gurken, Käse usw.

Sparschäler

Der Sparschäler muss scharf sein, damit die Schale möglichst dünn abgezogen werden kann. Neuerdings auch mit Keramikklinge erhältlich. Dann kann man ihn auch in der Spülmaschine waschen. Gut, um kleine Parmesanportionen über Rucola zu streuen.

Maßeinheiten

EL	Esslöffel, gestrichen voll, 12–15 g
TL	Teelöffel, gestrichen voll, 5–6 g
Prise	Menge, die zwischen zwei Fingern Platz hat
ml	Milliliter, 100 ml = 10 cl = 1 dl
50 ml	ca. 3–4 EL
100 ml	ca. 6–7 EL
1 Tasse	200 ml Inhalt
1 Bund	80–100 g (Rucola)

Menge pro Person
Beilage 40–60 g
Vorspeise, kleines Gericht 60–80 g
Hauptgericht (gekocht als Gemüse) 80–120 g

Ingwervinaigrette

Dressings, Saucen und Pasten

Einige der folgenden Rezepte lassen sich auf Vorrat zubereiten. Generell gilt: Salatsaucen, Dressings und Pasten ohne Zwiebeln, Knoblauch und/oder Kräuter sind im Kühlschrank 6–7 Wochen haltbar, solche mit frischen Säften, Zwiebeln, Knoblauch und/oder Kräutern sollten immer frisch zubereitet werden. Denn nur so schmecken sie aromatisch, sind kräftig in der Farbe und besitzen den vollen Nährstoffgehalt.

Mandeldressing

40–50 g geschälte Mandeln, geröstet
1–2 Knoblauchzehen, durchgepresst
1 Zitrone, Saft
2–3 EL geriebener Parmesan
Meersalz
4 EL kaltgepresstes Olivenöl
3 EL trüber Apfelsaft
3 EL frischer Traubensaft

- Die Mandeln mit Knoblauch, Zitronensaft, Parmesan und Salz im Mixer pürieren. Das Olivenöl nach und nach dazugeben, weitermixen. Apfel- und Traubensaft beifügen und mixen, bis die Sauce cremig ist.
- Passt zu Rucola allein oder gemischt mit grünem Spargel und Ziegenfrischkäse.

Minzedressing

1 kleines Bund Krauseminze, abgezupfte Blättchen
2 TL Rohzucker
Meersalz
1 TL Johannisbeergelee
4 EL kaltgepresstes Olivenöl
3 EL Apfelessig
1–2 EL Zitronensaft

- Die Minzeblätter in siedendem Wasser kurz blanchieren, abgießen, kalt abschrecken und gut auspressen. Mit Zucker, Salz, Johannisbeergelee und Öl pürieren. Kurz vor dem Servieren Essig und Zitronensaft beifügen.
- Passt zu Rucola allein, gemischt mit Frischkäse oder mit Erbsen.

Tomatenvinaigrette

Für 200 ml

3–4 Tomaten (ca. 350 g)
1 Knoblauchzehe, durchgepresst
1 EL Zitronensaft
50 ml kaltgepresstes Olivenöl
Meersalz
schwarzer Pfeffer aus der Mühle

- Zwei der Tomaten in Würfel schneiden, pürieren und durch ein Sieb passieren.
- Die dritte Tomate kurz in heißes Wasser tauchen, kalt abschrecken, enthäuten, halbieren

• Passt zu Pasta, Kartoffeln, Grillgemüse, Fisch vom Grill oder als Belag auf geröstetes Brot.

Tipps
Den Pesto in einem gut verschließbaren Glas, am besten im Kühlschrank, aufbewahren. Um Schimmelbildung zu vermeiden, darauf achten, dass der Rand des Glases sauber ist. Die Oberfläche immer mit Olivenöl bedeckt halten. Der Schimmelbildung beugt man auch vor, indem die Kräuter ganz trocken verarbeitet werden.

Varianten
• Statt Kräuter Bärlauch verwenden.
• Mandeln durch Pistazien, Pinienkerne oder Macadamianüsse ersetzen.
• Statt Olivenöl andere Ölsorten verwenden (zum Beispiel Arganöl, Traubenkernöl) oder das Öl teilweise durch ein aromatisiertes Öl ersetzen; gut schmecken Zitrus- oder Nussöle.
• Je nach Verwendung geriebenen Parmesan und/oder Pecorino unter den Pesto mischen.

Rucolapesto, klassisch

Für 4–8 Portionen

1–2 Bund Rucola (ca. 150 g), verlesen, grobe Stiele entfernt
2 Knoblauchzehen, durchgepresst
Meersalz
1–2 EL Nüsse (z.B. Baumnüsse, Haselnüsse), leicht geröstet, gehackt
2–3 EL geriebener Parmesan oder Sbrinz
je 100 ml Nussöl (z.B. Haselnuss- oder Baumnussöl) und Maiskeimöl
schwarzer Pfeffer aus der Mühle

• Rucola, Knoblauch und Meersalz im Mixer fein zerkleinern. Die Nüsse und den Käse dazugeben und zu pastenähnlicher Konsistenz mixen. Das Öl nach und nach beifügen und weitermixen, bis der Pesto eine cremige Konsistenz hat. Mit Salz und Pfeffer abschmecken.
• Passt zu Pasta, Kartoffeln, Bohnen, Tomaten, Grillgemüse, Fisch vom Grill oder als Belag auf geröstetes Brot.

Grüne Mayonnaise

Für 4–6 Portionen oder ca. 300 ml

1 Tasse feiner Rucola
Meersalz
150 ml kaltgepresstes Olivenöl
150 ml Sonnenblumenöl
3 Eigelb
2 TL Dijonsenf
1–2 EL Zitronensaft
schwarzer Pfeffer aus der Mühle

• Den Rucola in Salzwasser kurz blanchieren, abgießen und gut abtropfen lassen. Dann auspressen und fein hacken.
• Die Öle mischen und in einen Becher mit Ausguss geben. Die Eigelbe mit dem Senf verrühren. Das Öl unter ständigem Rühren erst tropfenweise beifügen und sobald die Mayonnaise bindet, in dünnem Strahl dazugießen, dabei ständig weiterrühren. Mit Zitronensaft, Salz und Pfeffer abschmecken.
• Kurz vor dem Servieren den Rucola daruntermischen und nach Bedarf nachwürzen.
• Passt zu grilliertem oder pochiertem Fisch (z.B. Forelle, Lachs) und zu Krustentieren (z.B. Crevetten) oder als würziger Belag in Sandwiches.

Tipp
Frisch zubereitet schmeckt die Mayonnaise am besten.

Rucola-Minze-Salat

Rucola frisch angerichtet: Salate und Salatgerichte

Rucola-Fenchel-Orangen-Salat

Für 4 Portionen

1–2 Bund Rucola (ca. 150 g)
2 Bundzwiebeln
2 Blondorangen
Meersalz
schwarzer Pfeffer aus der Mühle
1–2 EL Balsamessig* (z.B. Apfel- oder Weißwein-)
2–3 EL kaltgepresstes Olivenöl
1 kleiner Fenchel

- Den Rucola verlesen, grobe Stiele entfernen, dann gründlich waschen und trockenschleudern.
- Die Bundzwiebeln samt wenig Grün fein schneiden.
- Die Orangen kurz in siedend heißes Wasser tauchen (die weiße Haut lässt sich dann besser entfernen). Herausnehmen, schälen und mit einem Messer die weiße Haut möglichst vollständig entfernen. Dann die Früchte in feine Scheiben schneiden.
- Salz, Pfeffer, Essig und Öl zu einer Vinaigrette verrühren. Den Fenchel direkt in die Sauce hobeln und mischen. Rucola, Zwiebeln und Orangen beifügen, locker mischen und anrichten.
- Dazu passt knusprige Baguette.

Variante
Statt Orangen Ruby-Red-Grapefruit verwenden.

Einkaufen

Ein erstklassiger Essig wird nach traditioneller Gärmethode ohne weitere Zusatzstoffe wie Essigbakterien oder Konservierungsmittel aus Wein oder vergorenem Most (aus Trauben, Äpfeln, Birnen, Gemüse, Früchten oder Beeren) hergestellt. Je nach Kategorie – klassischer Essig oder Balsamessig – dauert es seine Zeit, bis der Essig die nötige Reife und Qualität hat. Je nach Hersteller reifen auch klassische Essige, wie Weisswein-, Rotwein- oder Apfelessig, mindestens drei Jahre in neutralen Eichenfässern, nicht wegen der Holznote, sondern damit sie weicher, milder und voller im Aroma werden.
*Balsamessige bleiben wie Balsamico länger im Fass: zehn Jahre oder für extraalte Sorten siebzehn bis zwanzig Jahre und mehr. Zurück bleibt ein Konzentrat, das in kleinen Mengen zu verwenden ist. Balsamessig aus Weisswein und Fruchtessige reifen wegen der Farbe beziehungsweise dem Fruchtgeschmack in Edelstahltanks. (Siehe auch Balsamicoessig, Aceto Balsamico, Seite 28.)

Rucolasalat mit Jakobsmuscheln

Für 4 Portionen

80–100 g feiner Rucola
200 g kleine, weiße Champignons, frisch angeschnitten
Olivenöl zum Braten
Butter
Meersalz, schwarzer Pfeffer aus der Mühle
4–8 Jakobsmuscheln, ohne Corail, frisch oder tiefgekühlt
1 kleiner Fenchel, fein gehobelt
Parmesan, gehobelt, zum Bestreuen

Salatsauce:
2 EL Zitronensaft
wenig Balsamicoessig
3–4 EL kaltgepresstes Olivenöl

- Den Rucola verlesen, grobe Stiele entfernen, dann gründlich waschen und trockenschleudern.
- Die Champignons in Öl sanft braten, wenig Butter dazugeben und die Pilze knapp weich garen. Mit Salz und Pfeffer würzen, herausnehmen und zugedeckt beiseite stellen.
- Die Jakobsmuscheln mit Haushaltpapier trockentupfen, in Öl und wenig Butter unter Wenden 5 Minuten braten. Herausnehmen, zugedeckt beiseite stellen.
- Die Zutaten für die Sauce verrühren, mit Salz und Pfeffer würzen.
- Rucola und den gehobelten Fenchel mit 2 EL Salatsauce mischen, auf Teller verteilen.
- Champignons und Jakobsmuscheln auf dem Salat anrichten, die restliche Sauce darüberträufeln, mit Parmesan und Pfeffer bestreuen.

Variante
Nach Belieben halbierte gelbe Cherrytomaten unter den Rucola-Fenchel-Salat mischen.

Hühnersalat mit Spargel und Rucola

Für 4 Portionen

4 Hühnerbrüstchen à 100–120 g
1 Kräutersträußchen aus Petersilie und etwas Zitronenschale
500 g feine grüne Spargelspitzen (auch Spargeltips genannt), frisch angeschnitten
1 Bund Rucola (ca. 100 g)
12 Cherrytomaten, halbiert
75–100 g gemischte grüne Salatblätter (z.B. Mizuna, Herba Stella, Schnittzichorie, Schnittsalat)

Salatsauce:
1–2 kleine Gurken, mit der Schale klein gehackt
3–4 Zweige Koriander, abgezupfte Blättchen
1–2 grüne Chilis, halbiert, entkernt
wenig Harissa oder andere Chilipaste
3–4 Limetten, Saft
6 EL Maiskeimöl
6 EL kaltgepresstes Olivenöl
Meersalz, schwarzer Pfeffer aus der Mühle

- Für die Salatsauce die klein gehackten Gurken mit Koriander, Chili, Chilipaste, Limettensaft, Öl, Salz und Pfeffer mixen, bis die Sauce cremig wird. Beiseite stellen.
- Die Hühnerbrüstchen salzen. Mit dem Kräutersträußchen 15–20 Minuten zugedeckt im Dampf garen. Herausnehmen, auskühlen lassen, dann fein hacken. Zugedeckt beiseite stellen.

• Die Spargelspitzen in siedendem Salzwasser kurz blanchieren, herausnehmen, kalt abschrecken und gut abtropfen lassen. Je nach Länge in Stücke schneiden.
• Den Rucola verlesen, grobe Stiele entfernen, dann gründlich waschen und trockenschleudern.
• Das Hühnerfleisch mit Spargeln und Tomaten mischen und zwei Drittel der Sauce darunterziehen. Den Rucola und die Salatblätter locker darunterheben und den Salat anrichten. Wenn nötig, die restliche Sauce darüberträufeln.

Tipp
Die Salatsauce ist 4–6 Tage im Kühlschrank haltbar.

Rucola-Minze-Salat

Für 4 Portionen

1–2 Bund Rucola (ca. 150 g)
¼ TL Fenchelsamen
2–3 EL Balsamessig (z.B. Apfel- oder Rotwein-)
wenig Dijonsenf
Meersalz, schwarzer Pfeffer aus der Mühle
4–6 EL kaltgepresstes Olivenöl
½ Krachsalat, abgelöste Blätter
20–24 Minzeblätter (z.B. Krauseminze oder marokkanische Minze)

• Den Rucola verlesen, grobe Stiele entfernen, dann gründlich waschen und trockenschleudern.
• Die Fenchelsamen im Mörser fein zerstoßen. Mit Essig, Senf, Salz und Pfeffer verrühren. Das Öl nach und nach dazugeben und weiterrühren, bis die Sauce bindet.
• Die Salatblätter in mundgerechte Stücke zupfen. Mit dem Rucola und den Minzeblättern mischen. Die Salatsauce darüber verteilen, locker mischen und sofort anrichten.

Rucola-Lattich-Salat

Für 4 Portionen

1–2 Köpfe Lattich oder 4 Minilattich, in Streifen geschnitten
2–3 Hand voll feiner Rucola, in der Länge halbiert
1–2 EL fein geschnittener Dill
2–3 Schalotten, fein gehackt
Meersalz, schwarzer Pfeffer aus der Mühle
Zitronensaft und wenig abgeriebene Zitronenschale
kaltgepresstes Olivenöl

• Den Lattich mit Rucola, Dill und Schalotten mischen und den Salat anrichten.
• Salz, Pfeffer, Zitronensaft, Zitronenschale und Olivenöl separat dazu servieren, damit jeder seinen Salat selber nach eigenem Gusto würzen kann.
• Dazu passen Oliven, Brot und Käse.

Rucola-Lattich-Salat

Rucola-Spinat-Salat mit Speck und Pilzen

Für 4–6 Portionen

100 g Rucola
50–75 g junge Spinatblätter
250 g Shiitakepilze
100 g geräucherter Speck, am Stück oder geschnitten
Meersalz
Olivenöl zum Braten

Salatsauce:
1–2 EL Zitronensaft
½ EL Rotweinessig
½ EL grobkörniger Senf
schwarzer Pfeffer aus der Mühle
2–3 EL kaltgepresstes Olivenöl

1 Bund Schnittlauch, in 3 cm lange Stücke geschnitten
4–6 Radieschen, in feine Streifen geschnitten

- Den Rucola und den Spinat verlesen, grobe Stiele entfernen, dann gründlich waschen und trockenschleudern. Die Stiele der Pilze wegschneiden, die Hüte je nach Größe ganz lassen oder in Viertel schneiden.
- Den Speck in Streifen schneiden. Bei mittlerer Hitze braten, bis er knusprig, aber noch weich ist. Herausnehmen und auf Haushaltpapier abtropfen lassen. Das Fett in der Pfanne abtupfen, Olivenöl beifügen und heiß werden lassen. Die Pilze dazugeben, leicht salzen und unter Wenden braten, bis alle Flüssigkeit verdampft ist. Auskühlen lassen.
- Für die Salatsauce Zitronensaft, Essig, Senf, Pfeffer, Salz und Öl verrühren. Rucola und Spinat beifügen und mischen.
- Pilze, Speck und Schnittlauch locker unter den Salat heben, nach Bedarf nochmals abschmecken und anrichten. Mit den Radieschenstreifen betreuen.

Grüner Salat mit Rucola an Zitrussauce

Für 4 Portionen

100 g feiner Rucola
75–100 g grüne Salatblätter
2 kleine Gurken
4–6 Radieschen

Salatsauce:
2 TL Dijonsenf
1–2 EL Mandarinen- oder Orangensaft
1 EL Zitronensaft
3–4 EL kaltgepresstes Olivenöl
mit Mandarinen, Zitronen oder Orange
Meersalz, schwarzer Pfeffer aus der Mühle

- Den Rucola und die grünen Salatblätter verlesen, grobe Stiele entfernen, dann gründlich waschen und trockenschleudern. Die Gurken und die Radieschen in feine Scheiben hobeln.
- Für die Salatsauce den Senf mit Mandarinen- oder Orangensaft, Öl, Salz und Pfeffer verrühren.
- Den Rucola und den grünen Salat mit Gurken und Radieschen in eine Schüssel geben, die Salatsauce darübergießen, locker mischen und anrichten.
- Passt gut zu grilliertem Fisch oder Scampi.

Variante
Statt Rucola Rucolasprossen (1–2 Schachteln) verwenden. Dann die Menge der Salatblätter auf 100–150 g erhöhen.

Gemischter Salat mit Gorgonzola und Mohnvinaigrette

Für 4 Portionen

300–400 g Mesclunsalat* mit Rucola (siehe auch Seite 28f.)
4 kleine, gekochte Randen (Rote Beten), geschält
1 rote Zwiebel, geschnitten
2–3 EL Wasser
2 EL Rotweinessig
1 EL flüssiger Honig oder Zucker
1½ TL Senfpulver
1 EL Mohnsamen
Meersalz, Pfeffer
3–4 EL kaltgepresstes Öl (z.B. Oliven- oder Rapsöl)
1 EL Pinienkerne, geröstet
1 EL Sultaninen oder Rosinen
100 g Gorgonzola, eiskalt

- Den Mesclunsalat verlesen, waschen und trockenschleudern.
- Zwei der Randen in feine Scheiben hobeln.
- Die restlichen Randen mit der Zwiebel und dem Wasser pürieren, durch ein Sieb passieren und die Flüssigkeit auffangen (die festen Bestandteile werden für diesen Salat nicht weiterverwendet). Essig, Honig oder Zucker, Senfpulver, Mohnsamen, Salz und Pfeffer beifügen. Das Öl unter Rühren einlaufen lassen.
- Den Mesclunsalat mit Pinienkernen, Sultaninen oder Rosinen und zwei Dritteln der Salatsauce mischen, anrichten. Wenn nötig die restliche Sauce darüberträufeln. Den Gorgonzola darüberkrümeln.

Tipp
Die Salatsauce ist 3–4 Tage gut verschlossen im Kühlschrank haltbar. Statt die Randen auszupressen, kann man frisch gepressten Randensaft aus der Flasche verwenden.

Einkaufen
*Mesclunsalat ist eine reichhaltige Salatmischung, die aus der Provençe kommt; der Name bezeichnet ein Gemisch. Die beste Saison für Mesclun ist Frühling bis Frühsommer, wenn es Kräuter, Wildkräuter, Blattsalate und Blüten in Hülle und Fülle gibt. Man findet den Salat fertig gemischt in gut sortierten Supermärkten, beim Gemüsehändler oder auf dem Markt. Wichtig ist allerdings, dass der Salat frisch gerüstet am selben Tag verkauft wird. Selbermachen ist einfach, und zudem kann man dann die Mischung nach Saison, Angebot und Vorlieben zusammenstellen (siehe Rezept Seite 28f.).

Gemischter Salat mit glasierten Schalotten

Für 4 Portionen

1 kleines Ciabattabrot, in Würfel geschnitten
Olivenöl zum Braten
200 g Mesclunsalat mit Rucola
(siehe Seite 28f.)
Meersalz
2–3 EL Sherryessig
3 EL kaltgepresstes Olivenöl

Glasierte Schalotten:
500 g kleine Schalotten, geschält
100 g Butter, in Würfel geschnitten
50–75 g Zucker
400 ml Hühnerbouillon
100–120 ml Balsamicoessig*
1 EL Senfpulver oder 2–3 EL Dijonsenf

- Die Schalotten in der Butter dämpfen. Den Zucker darüberstreuen und bei kleiner Hitze karamellisieren lassen. Mit der Bouillon ablöschen, 80 ml Balsamicoessig beifügen und die Schalotten bei kleinster Hitze 40–50 Minuten glasieren.
- Das Senfpulver mit wenig kaltem Wasser glatt rühren und beifügen. Nach Bedarf den restlichen Balsamicoessig dazugeben und weitere 20–30 Minuten glasieren. Von der Herdplatte ziehen und auf Raumtemperatur abkühlen lassen.
- Die Brotwürfel in Öl unter Wenden knusprig braten. Herausnehmen und auf Haushaltpapier abtropfen lassen.
- Den Mesclunsalat verlesen, waschen und trockenschleudern.
- Salz, Essig und Öl verrühren.
- Den Mesclunsalat mit der Salatsauce anmachen, die Croûtons und die Hälfte der glasierten Schalotten beifügen, mischen und anrichten.

Tipp
Die glasierten Schalotten sind gut verschlossen 1 Woche im Kühlschrank haltbar.

Einkaufen

*Balsamicoessig (Aceto Balsamico) wird aus der Traubensorte Trebbiana hergestellt.
Die zuckersüßen, weißen Beeren gedeihen im Flachland von Modena. Der unvergorene Traubenmost wird einkocht, bis er dickflüssig und bernsteinfarben ist. Dann kommt er erst in Fässer aus Eichenholz, in denen er eine gewisse Zeit reift, um anschließend in Fässern aus unterschiedlichem Holz gelagert zu werden. Dabei verdunstet mehr als ein Drittel der anfänglichen Menge. Je länger er reift, desto höher wird seine Würzkraft und umso kostbarer wird er. Zum Kochen oder für Saucen ist eine gute Qualität, aber kein »Tradizionale« zu empfehlen. Der sogenannte Aceto Balsamico Tradizionale ist nämlich zu konzentriert; man verwendet ihn nur tropfenweise, indem man ihn zum Beispiel über Parmesan, frische Erdbeeren oder Vanilleglace träufelt.
Die Bezeichnung Aceto Balsamico Tradizionale darf übrigens nur für Balsamicoessig verwendet werden, der aus Modena und dem benachbarten Distrikt Reggio Emilia stammt und nach den Richtlinien des »Consorzio« produziert wurde.
Aceto Balsamico di Modena ist eine Mischung aus Weinessig, Traubensaftkonzentrat, Antioxidans u.a. und kommt nach kurzer Reife (Wochen oder sogar nur Tage) auf den Markt. Er ist mit den edlen Essigen – klassischem Essig, Balsamessig oder Balsamico Tradizionale – nicht zu vergleichen und daher auch entsprechend preisgünstiger.

Mesclun

Provenzalischer gemischter Salat

Für 4 Portionen

1 kleiner Kopfsalat
1 kleiner Friséesalat
1 Minilattich oder nur die Innenblätter eines normalen Lattichs
1 Bund Rucola
1 Hand voll Löwenzahn
1 Hand voll Brunnen- oder Gartenkresse
1 Hand voll Portulak
3–4 Zweige Kräuter (z.B. Kerbel, Estragon, Bohnenkraut, glattblättrige Petersilie)
1 Bund Schnittlauch, geschnitten
einige Schnittlauchblüten, nach Belieben
1 TL gelbe Senfkörner

Salatsauce:
1 Knoblauchzehe, durchgepresst
Meersalz, schwarzer Pfeffer aus der Mühle
wenig Akazienhonig
2 TL Zitronensaft
1–2 EL Balsamessig (z.B. Apfel-)
4–6 EL kaltgepresstes Olivenöl

- Die Blattsalate in mundgerechte Stücke zerpflücken oder von Hand zerzupfen (nicht schneiden). Den Rucola verlesen, grobe Stiele entfernen. Die Salate waschen und trockenschleudern. Löwenzahn, Brunnen- oder Gartenkresse und Portulak verlesen, sorgfältig waschen und gut abtropfen lassen. Die Kräuterzweige zerzupfen. Zusammen mit Blattsalat, Schnittlauch, Schnittlauchblüten und Senfkörnern in eine Schüssel geben.

• Für die Salatsauce Knoblauch, Salz, Pfeffer, Honig, Zitronensaft und Essig verrühren. Das Öl unter Rühren einlaufen lassen.
• Die Salatsauce über den Salat träufeln, mischen und anrichten.

Varianten
Statt Blüten von Schnittlauch solche von Gänseblümchen, Borretsch, Duftgeranien, Kapuzinerkresse, Ringelblumen, Löwenzahn usw. nehmen.

Blütensalat

Für 4 Portionen

150–200 g gemischte Salatblätter und Kräuter (z.B. feiner Rucola, Randenblätter, Nüsslisalat/Feldsalat, Brunnenkresse, Mizuna, glattblättrige Petersilie, Koriander)
2–3 Holunderblüten
2 TL Dijonsenf
wenig Honig
Meersalz, Pfeffer
2 EL Holunderblütenessig*, hausgemacht oder gekauft
6 EL kaltgepresstes Olivenöl

• Die Salatblätter waschen, verlesen, trockenschleudern und in einer großen Schüssel anrichten. Die Holunderblüten darüberstreuen.
• Den Senf mit Honig, Salz, Pfeffer, Essig und Öl verrühren. Über den Salat gießen, mischen und anrichten.

***Holunderblütenessig selbst gemacht**
100 ml Rotweinessig aufkochen. 4–6 getrocknete oder frische Holunderblütendolden beifügen, von der Herdplatte ziehen und 10 Minuten ziehen lassen. Weitere 300 ml Rotweinessig beifügen und das Ganze in eine gut verschließbare Flasche abfüllen. Vor der Verwendung 1 Woche im Kühlschrank ziehen lassen. Haltbarkeit: 3–4 Monate.

Tipp
Getrocknete Holunderblüten gibt es im Reformhaus. Schmeckt auch als Tee.

Warmer Pilzsalat mit Rucola und Parmesan

Für 4 Portionen

150 g feiner Rucola
500 g gemischte Pilze
Olivenöl zum Braten
4–5 EL Kalbsfond oder Fleischbouillon
Meersalz
2 EL kaltgepresstes Olivenöl
50 g Parmesan am Stück

• Den Rucola verlesen, grobe Stiele entfernen, dann gründlich waschen und trockenschleudern.
• Die Pilze mit einem Pinsel säubern, nur wenn unbedingt nötig waschen. Die Stiele zurückschneiden und die Pilze je nach Größe ganz lassen oder halbieren. Im nicht zu heißen Öl unter Wenden braten, bis fast alle Flüssig-

keit verdampft ist. Fond oder Bouillon dazugießen und fast vollständig einkochen lassen, würzen.

- Den Rucola mit dem Öl und etwas Meersalz mischen. Die Pilze auf vorgewärmte Teller verteilen, den Parmesan direkt darüberhobeln und den Rucola darüber verteilen.
- Dazu passen Tomatencrostini.

Tomatencrostini

Pro Person 2 Brotscheiben mit einer halbierten Knoblauchzehe einreiben und mit Olivenöl beträufeln. Je 1–2 Cherrytomaten einschneiden und auf die Brotscheiben verteilen. Von Hand leicht quetschen, bis etwas Saft ausläuft, mit wenig Meersalz bestreuen. In der Mitte des auf 200 Grad vorgeheizten Backofens 6–8 Minuten backen. Heiß servieren.

Rucolasalat mit Süßkartoffeln und Mandeln

Für 4 Portionen

100 g feiner Rucola
2 mittelgroße Süßkartoffeln
Olivenöl
Meersalz
1 TL Dijonsenf
schwarzer Pfeffer aus der Mühle
2 EL Weißweinessig
4 EL geschälte Mandeln, zerkleinert, geröstet

- Den Rucola verlesen, grobe Stiele entfernen, dann gründlich waschen und trockenschleudern.
- Die Süßkartoffeln schälen und in Würfel schneiden. In eine ofenfeste Form geben. Mit Öl und Salz mischen. 20–30 Minuten in der Mitte des auf 200 Grad vorgeheizten Backofens backen, bis sie weich sind. Herausnehmen und auskühlen lassen.
- Senf, Salz, Pfeffer, Essig und 2–3 EL Öl verrühren.
- Den Rucola mit den Süßkartoffeln und den Mandeln anrichten. Die Sauce darüberträufeln.

Varianten

- Statt Süßkartoffeln festkochende Kartoffeln (z.B. Désirée, Charlotte) verwenden.
- Die Kartoffelwürfel können auch in einer Bratpfanne auf dem Herd gebraten werden.

Warmer Pilzsalat
mit Rucola und Parmesan

Rucolasalat mit Süßkartoffeln und Mandeln

Griechischer Salat mit Rucola

Für 4 Portionen

80–100 g feiner Rucola
3 mittelgroße fest kochende Kartoffeln (z.B. Charlotte, Amandine)
Meersalz
2–3 EL Rotweinessig
4–5 EL kaltgepresstes Olivenöl
250 g Cherrytomaten, klein geschnitten
1 Freilandgurke, geschält, halbiert, entkernt, in Stücke geschnitten
1 kleine rote Zwiebel, fein gehobelt
1 kleiner grüner oder roter Peperoncino oder Jalapeño*, entkernt, fein geschnitten
je 1 Hand voll glattblättrige Petersilien- und Minzeblättchen, gehackt

- Den Rucola verlesen, grobe Stiele entfernen, dann gründlich waschen und trockenschleudern.
- Die Kartoffeln in 7–8 mm dicke Scheiben hobeln. In siedendem Salzwasser knapp weich garen. Abgießen und gut abtropfen lassen.
- Salz, Essig und Öl verrühren. Die Kartoffeln in eine flache Schüssel geben, mit 2–3 EL Salatsauce beträufeln. Tomaten, Rucola, Gurke, Zwiebeln, Peperoncino oder Chili sowie die Kräuter lagenweise darüber verteilen. Die restliche Sauce darüberträufeln und alles sorgfältig mischen.

Einkaufen

*Jalapeño ist eine milde bis mittelscharfe Chilisorte aus Mexiko. Die meistens grünen, manchmal auch roten Schoten sind frisch oder als Konserve erhältlich. Getrocknete Jalapeños werden Chipotle genannt. Vor der Verwendung müssen sie in Wasser eingeweicht werden.

Rucola-Wassermelonen-Salat

Für 4 Portionen

1–2 rote Zwiebeln
1 Hand voll Eiswürfel
100–150 g Rucola
400 g Wassermelone
2 EL Balsamessig (z.B. Apfel- oder Wein-)
2–3 EL kaltgepresstes Olivenöl
Meersalz, Pfeffer

- Die Zwiebeln fein hobeln, zusammen mit den Eiswürfeln 30 Minuten in kaltes Wasser legen, damit sie schön knackig werden. Abgießen und gut abtropfen lassen.
- Den Rucola verlesen, grobe Stiele entfernen, dann gründlich waschen und trockenschleudern.
- Die Wassermelone entkernen, das Fruchtfleisch von der Schale schneiden und würfeln. Mit 1 Esslöffel Essig mischen, bis zur Verwendung zugedeckt kalt stellen.
- Den restlichen Essig mit Öl, Salz und Pfeffer verrühren. Mit dem Rucola und den Zwiebeln mischen.

• Den Salat anrichten, die Wassermelonenwürfel gut abtropfen lassen und darauf verteilen.

Varianten

• 100 g Frischkäse (z.B. Ziege, Schaf) am Schluss darüberbröckeln. Reichlich Pfeffer darübermahlen.

• Leicht gereiften Frischkäse (z.B. Crottin de Chavignol) kurz vor dem Servieren unter Wenden rasch braten, mit schwarzem oder rotem zerstoßenem Pfeffer bestreuen und auf dem Salat anrichten.

Rucola-Melonen-Salat mit Käse

Für 4 Portionen

150 g Rucola
300 g Wassermelone, in Würfel geschnitten, eiskalt
2–3 EL Pinienkerne, geröstet
40–50 g Feta oder Ricotta salata*
schwarzer Pfeffer, grob zerstoßen
Fleur de Sel* oder feines Meersalz

Salatsauce:
1 EL Zitronensaft
1 EL Balsamessig (z.B. Rotwein- oder Apfel-)
Meersalz
2–3 EL kaltgepresstes Olivenöl

• Den Rucola verlesen, grobe Stiele entfernen, dann gründlich waschen und trockenschleudern.

• Für die Salatsauce den Zitronensaft mit Essig, Salz und dem Olivenöl verrühren. Den Rucola und die Pinienkerne beifügen und mischen.

• Die Melonenwürfel unter den Salat mischen, Feta oder Ricotta darüberbröckeln oder hobeln. Mit Pfeffer und Salz bestreuen.

Tipp

Schmeckt auch gut mit frischer Ricotta. Dieser aus Schafmilch hergestellte quarkähnliche Frischkäse ist cremiger und passt hervorragend zum leicht scharfen Rucola. Es gibt ihn in guter Qualität im italienischen Lebensmittelgeschäft zu kaufen.

Einkaufen

*Ricotta salata ist ein italienischer Frischkäse aus Kuh- und/oder Schaf- und/oder Ziegenmolke. Die nach der Käseverarbeitung übrig gebliebene Molke wird auf etwa 85 Grad erhitzt, dabei setzt sich das Molkeneiweiß an der Oberfläche ab. Es wird abgeschöpft und in Siebkörbe gefüllt, damit die Flüssigkeit abfließen kann. Das dauert etwa 3 bis 4 Stunden, dann ist die frische Ricotta verkaufsbereit. Um Ricotta haltbar zu machen, wird der Frischkäse (trocken) gesalzen und hat nach 15 bis 30 Tagen Reifung eine so feste Konsistenz, dass er gerieben oder gehobelt werden kann; dann gelangt er als Ricotta salata in den Handel. Er ist zylinderförmig oder in Portionen geschnitten, meist vakuumiert, in italienischen Lebensmittelgeschäften erhältlich. Ricotta salata schmeckt würzig und eignet sich als Tafelkäse, über Salat, Pasta, Pizza usw.

*Fleur de Sel heißt übersetzt Salzblüte. Ein reines Salz, das weniger salzig, aromatischer, mineralischer schmeckt und würzt als herkömmliches Salz. Und so wird es gewonnen: Wenn das Wasser in den Salzgärten durch Sonne und Wind verdunstet, kristallisieren die ersten Partikel. Die kleinen Scheibchen liegen an der Oberfläche des Wassers, wo sie zusammenwachsen. Dann wird das feuchte, leicht rötlich schimmernde Salz mit einem gelochten Blech abgeschöpft und auf Brettern zum Trocknen ausgelegt. Fleur de Sel rieche beim Ernten nach Veilchen, sagen die Salzbauern. Die beste Qualität kommt von Noirmoutier, einer Insel, die südlich der Loiremündung im Atlantik liegt.

Gemischter Rucolasalat mit Pecorino und Weinbeeren

Für 4 Portionen

100 g feiner Rucola
1–2 Hand voll Winter- oder Brunnenkresse
2 Tassen Favabohnen (Puffbohnen), blanchiert
4 EL getrocknete Weinbeeren
50–75 g Pecorino*, gehobelt
Meersalz
kaltgepresstes Olivenöl
Zitronensaft

- Den Rucola verlesen, grobe Stiele entfernen, dann gründlich waschen und trockenschleudern. Mit Kresse, Bohnen, Weinbeeren und Käse mischen.
- Den Salat anrichten, mit Salz, Öl und Zitronensaft würzen.

Einkaufen

*Pecorino ist die Bezeichnung für den in Mittel- und Süditalien und auf den vorgelagerten Inseln verbreiteten Schafmilchkäse. Die bekanntesten Sorten sind:
– Pecorino Romano: vorwiegend in Mittelitalien (Latium, südliche Toskana) und auf Sardinien produziert. Er ist körnig, mit ausgeprägtem Geschmack nach Schafmilch. Beliebt als Reibkäse, schmeckt aber auch als Tafelkäse. In Rom wird er traditionell zu Favabohnen (Puff- oder Saubohnen) serviert.
– Pecorino Sardo: in Sardinien produziert. Es gibt ihn als milde und als reife Variante. Sowohl als Reib- wie auch als Tafelkäse geeignet.
– Pecorino Siciliano ist die offizielle Bezeichnung aller in Sizilien hergestellten Schafmilchkäse. Sie sind in unterschiedlicher Reife, jung bis sehr alt und pikant (dann nur zum Würzen zu verwenden), mit schwarzen Pfefferkörnern oder mit Peperoncino gewürzt erhältlich. Zum Reiben und frisch Geniessen.
– Pecorino Toscano: Der aus der Region Toskana kommende Pecorino ist selbst nach langer Reifung mild. Ausgezeichneter Tafelkäse.

Juliennesalat

Für 4 Portionen

80–100 g Rucola
2 Nashibirnen*
1 Zitrone, Saft
120 g Gruyère
4 Scheiben Nussbrot, in Würfel geschnitten
Olivenöl zum Braten
2 TL Dijonsenf
1 Schalotte, fein gehackt
Meersalz
4–5 EL Baumnussöl
schwarzer Pfeffer, grob gemahlen

- Den Rucola verlesen, grobe Stiele entfernen, dann gründlich waschen und trockenschleudern.
- Die Birnen schälen, halbieren und das Kerngehäuse entfernen. Dann in feine Streifen (Julienne) schneiden und sofort mit dem Zitronensaft mischen. Den Gruyère ebenfalls in feine Streifen schneiden.
- Die Brotwürfel in Öl unter Wenden knusprig braten, auf Haushaltpapier abtropfen lassen. Senf, Schalotte, Salz und Öl verrühren. Mit den Birnen- und Käsestreifchen mischen.
- Den Rucola auf Teller verteilen, den Käsesalat darauf anrichten und mit Pfeffer bestreuen.

Einkaufen

Die *Nashibirne, auch asiatische, japanische oder Apfelbirne genannt, sieht tatsächlich aus wie ein Apfel, ist festfleischig, saftig und sehr mild im Aroma. Sie schmeckt am besten roh. Sie stammt ursprünglich aus dem asiatischen Raum, wird aber heute fast überall kultiviert. Nashisträucher werden ähnlich wie Kiwis plantagenmäßig an fast zwei Meter hohen Spalieren gezogen.

Melonen-Tomaten-Salat mit Rucola

Für 4 Portionen

400 g Wassermelone
1 EL Balsamessig (z.B. Rotwein-)
150 g Cherrytomaten
2 EL Tomatenessig*
1–2 Hand voll Rucola
Meersalz
schwarzer Pfeffer, grob zerstoßen
1–2 Zweige Zitronenbasilikum, abgezupfte Blättchen
kaltgepresstes Olivenöl zum Beträufeln

- Die Wassermelone entkernen und das Fruchtfleisch in Würfel schneiden. Mit dem Essig mischen und zugedeckt kalt stellen. Die Cherrytomaten halbieren, mit dem Tomatenessig und wenig Salz mischen und zugedeckt ziehen lassen.
- Den Rucola verlesen, grobe Stiele entfernen, dann gründlich waschen und trockenschleudern.

- Die Melonenwürfel und die Cherrytomaten mischen, mit Salz und Pfeffer würzen, die Basilikumblätter in Stücke zupfen und darüberstreuen. Den Salat auf Tellern anrichten. Den Rucola darüberstreuen und mit Olivenöl beträufeln.
- Dazu passt ein cremig gerührter Schafmilchjoghurt.

Einkaufen

Die Grundlage für den *Tomatenessig ist ein aus alten Tomatensorten gewonnener Tomatenwein, der behutsam zu Essig vergoren wird. Er schmeckt vollfruchtig, besitzt eine milde Säure und den unverkennbaren Duft sonnengereifter Tomaten. Er passt überall da, wo auch Tomaten passen – zu Salaten, von Rucola bis Tomate. Aber auch zum Abschmecken von typisch mediterranen Gerichten, wie Fisch, Tintenfisch, Auberginen, Peperoni (Paprika). Er ist in Delikatessengeschäften erhältlich.

Pfirsich-Rucola-Salat

Für 4 Portionen

2 weiße oder gelbe Pfirsiche, reif, aber fest
75–100 g Rucola
30 g Ricotta salata (siehe Seite 34)
schwarzer Pfeffer, grob zerstoßen

Salatsauce:
1 EL Balsamessig (z.B. Weißwein- oder Apfel-)
wenig Zitronensaft
Meersalz
3–4 EL kaltgepresstes Olivenöl

- Die Haut der Pfirsiche mit einem scharfen Messer leicht einritzen. Kurz in kochend heißes Wasser tauchen, herausnehmen, dann in Eiswasser abschrecken und die Haut abziehen. Die Pfirsiche halbieren, den Stein entfernen und die Hälften in 3–4 Schnitze schneiden.
- Den Rucola verlesen, grobe Stiele entfernen, dann gründlich waschen und trockenschleudern.
- Für die Salatsauce den Essig mit Zitronensaft, Salz und Öl verrühren.
- Den Rucola mit den Pfirsichschnitzen mischen und anrichten. Die Sauce darüberträufeln und die Ricotta darüberhobeln.
Mit Pfeffer bestreuen.

Variante
Die Pfirsichschnitze in je 1–2 Scheiben Pancetta (italienischer, ungeräucherter Speck) wickeln. Kurz vor dem Servieren in einer beschichteten Bratpfanne unter Wenden 5–6 Minuten braten. Etwas auskühlen lassen. Auf dem angemachten Rucolasalat anrichten.

Pfirsich-Rucola-Salat

Rucola-Orangen-Salat

Für 4 Portionen

100 Rucola
100 g feine Spinatblätter
2–3 Blondorangen
1 Hand voll Rucolasprossen

Salatsauce:
1–2 Zimtstangen, zerkleinert
1 unbehandelte Orange, Schale in Streifen fein abgezogen
3–4 EL kaltgepresstes Olivenöl
3–4 EL Balsamessig (z.B. Weißwein-)
Meersalz, Pfeffer

- Den Rucola und den Spinat verlesen, grobe Stiele entfernen, dann gründlich waschen und trockenschleudern.
- Die Orangen kurz in siedend heißes Wasser tauchen. Herausnehmen, schälen und mit einem Messer die weiße Haut möglichst vollständig entfernen.
Das Fruchtfleisch in feine Scheiben schneiden.
- Für die Salatsauce Zimt und Orangenschale im Öl bei milder Hitze erwärmen, bis die Schale leicht bräunt. Von der Herdplatte ziehen und 30 Minuten ziehen lassen. Dann absieben.
Den Essig unter Rühren beifügen, mit Salz und Pfeffer würzen.
- Rucola, Spinat und Orangenscheiben mischen, mit der Sauce anmachen und anrichten. Die Rucolasprossen darüberstreuen.

Tipp
Die Sauce kann in größerer Menge im Voraus zubereitet werden. Gut verschlossen im Kühlschrank aufbewahren.

Rucola-Mango-Salat

Für 4 Portionen

75–100 g Rucola
1 kleine rote Zwiebel, fein geschnitten
1 reife, aber feste Mango, geschält, fein geschnitten
1 Avocado, in Würfel geschnitten

Salatsauce:
1 EL geschälter, gehackter frischer Ingwer
1 EL Öl
1 EL Limettensaft
½–1 EL Reisessig
wenig Chilipaste oder Tabasco
wenig gehackter Knoblauch, nach Belieben
wenig Palm- oder Rohzucker
einige Tropfen Sesamöl
3 EL kaltgepresstes Olivenöl
Meersalz, schwarzer Pfeffer aus der Mühle
1–2 Zweige Koriander, fein gehackte Blätter
1 Bundzwiebel, fein gehackt

- Für die Salatsauce den Ingwer im Öl dämpfen, bis er gut riecht. Herausnehmen und auskühlen lassen. Die restlichen Zutaten beifügen, mischen und zugedeckt beiseite stellen.
- Den Rucola verlesen, grobe Stiele entfernen, dann gründlich waschen und trockenschleudern.
- Den Rucola mit Zwiebel, Mango und Avocado mischen, mit der Sauce anmachen und anrichten.
- Dazu passen Kroepoeck (Crevettenchips).

Tipp
Die Sauce kann, ohne Koriander und Bundzwiebeln, 2 Tage im Voraus zubereitet werden.

Variante
Den Rucola zur Hälfte mit Winter- oder Brunnenkresse mischen.

Randen-Rucola-Salat

Für 4 Portionen

4–6 Randen (Rote Beten)
Olivenöl zum Rösten
Meersalz, schwarzer Pfeffer aus der Mühle
150 g Rucola
1 rote Zwiebel, fein geschnitten
1 EL kleine Kapern, abgetropft
½ TL flüssiger Honig
4–5 EL kaltgepresstes Olivenöl
2 EL Balsamessig

- Die Randen mit einer Bürste unter fließendem kaltem Wasser gründlich waschen. Dann mit Öl bestreichen und würzen. In der Mitte des auf 180 Grad vorgeheizten Backofens 60–80 Minuten backen (Stäbchenprobe machen). Herausnehmen, leicht auskühlen lassen, dann schälen und in Schnitze schneiden.
- Den Rucola verlesen, grobe Stiele entfernen, dann gründlich waschen und trockenschleudern.
- Randen und Rucola mit Zwiebel, Kapern und Honig mischen. Mit Öl, Essig, Salz und Pfeffer abschmecken und anrichten.

Carpaccio mit Zucchini

Für 4 Portionen

80–100 g feiner Rucola
3–4 EL kaltgepresstes Olivenöl
2 EL Zitronensaft
Meersalz, schwarzer Pfeffer aus der Mühle
500 g kleine gelbe und grüne Zucchini, in dünne Scheiben gehobelt
Parmesan, gehobelt

- Den Rucola verlesen, grobe Stiele entfernen, dann gründlich waschen und trockenschleudern.
- Das Öl mit Zitronensaft, Salz und Pfeffer verrühren. Mit den Zucchini mischen, zugedeckt 5 Minuten bei Raumtemperatur ziehen lassen.
- Die Zucchini gut abgetropft ohne Sauce auf Tellern anrichten. Den Rucola in der verbliebenen Sauce wenden und auf den Zucchini anrichten. Mit reichlich Parmesan und Pfeffer bestreuen.

Carpaccio mit Zucchini

Warmer Erbsen-Bohnen-Salat mit grilliertem Halloumi

Für 4 Portionen

300 g Erbsen, ausgelöst
200 g Favabohnen (Puffbohnen), ausgelöst
Meersalz
2–3 Bundzwiebeln, fein geschnitten
400–500 g Halloumi*, in Scheiben geschnitten
2 Schachteln Rucolasprossen

Salatsauce:
wenig körniger Senf
1–2 Prisen Zucker
½ unbehandelte Zitrone, Schale
2 EL Rotweinessig
4–5 EL kaltgepresstes Olivenöl

- Die Erbsen und die Bohnen separat in siedendem Salzwasser garen. Abgießen und gut abtropfen lassen. Die Bohnenkerne aus den feinen Häutchen drücken.
- Für die Salatsauce Senf, Zucker, Zitronenschale, Essig und Öl mischen und bei kleiner Hitze erwärmen. Die Erbsen, Bohnen und Zwiebeln beifügen, wenn nötig mit Salz abschmecken.
- Eine Grillpfanne oder Gusseisenplatte erhitzen. Die Käsescheiben unter Wenden kurz braten.
- Den Erbsen-Bohnen-Salat anrichten, den grillierten Käse und die Rucolasprossen darauf verteilen.

Einkaufen

Der Halbweichkäse *Halloumi stammt aus Zypern und wird nach einem uralten Rezept aus Schafs- oder Ziegen- und Kuhmilch hergestellt. Charakteristisch für den würzigen Käse ist die Beigabe von frischen Minzeblättchen und die durch das Zusammenklappen des Käses entstandene Form. Halloumi enthält mindestens 43 Prozent Fett, ist einen Monat im Kühlschrank haltbar und eignet sich zum Tiefkühlen (Haltbarkeit 12 Monate). Halloumi ist ein typischer Grillkäse: Er schmeckt am besten, wenn er erhitzt wird; er schmilzt kaum, sondern wird weich und verliert einen Teil des Fetts. Passt zu den typischen Sommerfrüchten und -gemüsen wie Melonen, Trauben, Feigen, Tomaten, Gurken. Halloumi ist in türkischen, griechischen oder zypriotischen Lebensmittelläden und teilweise auch in Supermärkten erhältlich.

Rucolasalat mit Lamm

Für 4 Portionen

2–3 Lammrückenfilets
Meersalz
Olivenöl zum Braten
150 g Rucola
1–2 reife Birnen (z.B. Conférence)
wenig Zitronensaft
kaltgepresstes Olivenöl zum Darüberträufeln

Salatsauce:
100 g Joghurt nature
100 g Sauerrahm
½–1 EL Harissa*

- Für die Salatsauce den Joghurt mit dem Sauerrahm und Harissa verrühren.
- Die Lammrückenfilets mit Haushaltpapier trockentupfen, würzen. In Öl unter Wenden rasch braten, herausnehmen und warm stellen.
- Den Rucola verlesen, grobe Stiele entfernen, dann gründlich waschen und trockenschleudern.
- Den Rucola in tiefe Teller verteilen. Die Birnen in Schnitze schneiden und darauf anrichten. Mit Zitronensaft und Olivenöl beträufeln.
- Das Lammrückenfilet in Stücke schneiden und auf dem Salat anrichten. Die Sauce separat dazu servieren.

Variante
Nach Belieben 40 g Blauschimmelkäse (z.B. Stilton) zerkrümeln und über das Lammfleisch streuen.

Einkaufen

Die scharfe rote *Harissapaste kommt aus Tunesien. Sie wird aus getrockneten roten Chilis hergestellt und als Beilage zu verschiedenen Gerichten serviert. Die Paste kann man fertig kaufen oder selber machen. Dafür 75 g getrocknete scharfe und milde rote Chilis entkernen und 30 Minuten in heißem Wasser quellen lassen. Abgießen und in einem Tuch gut auspressen. 1 Knoblauchzehe mit Meersalz zerquetschen. Chili, Knoblauch, je 1 TL gemahlenen Koriander und Kreuzkümmel und 1 TL Meersalz fein mixen. 1 geröstete, entkernte rote Peperoni (Paprika) ebenfalls gut auspressen, beifügen und mitmixen. Olivenöl beifügen und weitermixen, bis eine dickcremige Paste entsteht. In ein gut verschließbares Glas füllen und mit etwas Olivenöl bedecken. Haltbarkeit im Kühlschrank: 2–3 Wochen. Schneller geht es, wenn man statt frischer Chilis etwa 4 gehäufte Esslöffel Chiliflocken nimmt.

Variante
Nach Belieben gehackte frische Minzeblättchen und 1 EL süßen Paprika beifügen.

Rucolasalat mit Erdbeeren und Feta

Für 4 Portionen

100 g Rucola
250 g reife Erdbeeren
einige Zweige Minze, abgezupfte Blättchen
1–2 EL Pistazien, gehackt
200 g Feta
schwarzer Pfeffer, grob zerstoßen

Salatsauce:
2 EL Himbeeressig
wenig Akazienhonig
2 TL Dijonsenf
Meersalz
4–5 EL kaltgepresstes Olivenöl

• Den Rucola verlesen, grobe Stiele entfernen, dann gründlich waschen und trockenschleudern.
• Für die Salatsauce den Essig mit Honig, Senf, Salz und Öl verrühren.
• Die Erdbeeren fein scheibeln.
• Den Rucola mit den Erdbeerscheiben und den Pistazien mischen, mit der Sauce anmachen und anrichten. Den Feta darüberkrümeln und alles mit Pfeffer bestreuen.

Variante
Statt dem Rucola 300–400 g feine grüne Bohnen blanchieren, abgießen, kalt abschrecken und gut abtropfen lassen. Mit den übrigen Zutaten mischen und mit Rucolasprossen bestreuen.

Artischocken-Rucola-Salat mit Ziegenkäse

Für 4 Portionen

6–8 kleine Artischocken
1 Zitrone, halbiert
Meersalz
400–600 g Favabohnen (Puffbohnen), ausgelöst
75 g Rucola
wenig Piment d'Espelette* oder Chiliflocken
1–2 EL Sherryessig
4 EL kaltgepresstes Olivenöl
50–75 g Ziegenfrischkäse
schwarzer Pfeffer, grob zerstoßen

• Die äußeren Blätter der Artischocken entfernen, den Boden frisch anschneiden, dann die Artischocken halbieren und sofort mit Zitronensaft einreiben. In siedendem Salzwasser zugedeckt weich garen. Abgießen und gut abtropfen lassen.
• Die Favabohnen kurz in siedendem Salzwasser blanchieren, abgießen und gut abtropfen lassen.
• Den Rucola verlesen, grobe Stiele entfernen, dann gründlich waschen und trockenschleudern.
• Den Piment oder die Chiliflocken mit Salz, Essig und Öl verrühren. Mit den Artischocken, den Bohnen und dem Rucola mischen und anrichten. Den Ziegenfrischkäse darüberkrümeln und mit Pfeffer bestreuen.

Einkaufen

*Piment d'Espelette ist ein scharfer Paprika mit AOC-Auszeichnung, der fruchtig-blumig schmeckt und überhaupt nicht aggressiv-scharf würzt. Baskische Seefahrer, die Kolumbus auf seiner Expedition nach Lateinamerika begleiteten, brachten ihn in ihre Heimat. Piment d'Espelette ist erst grün und mild, wechselt dann die Farbe zu einem kräftigen Rot. In diesem Stadium entwickeln sich die Staubfäden und die kleinen Samen, die für die Schärfe und das Aroma sorgen. In Espelette, dem Zentrum des baskischen Pimentanbaus, werden die aufgefädelten Schoten ab August zunächst draußen, dann bei milder Hitze in Öfen getrocknet. Anschließend werden sie zu Pulver, Pasten, Gelee und anderem verarbeitet. Erhältlich in gut sortierten Delikatessengeschäften.

Rucola mit rot eingelegten Eiern

Für 4 Personen

75 g Rucola
2 TL Dijonsenf
schwarzer Pfeffer aus der Mühle
2–3 EL kaltgepresstes Öl (z.B. Raps-, Maiskeimöl)

Eingelegte Eier:
200 ml Randensaft (Rote-Bete-Saft)
100 ml Apfelessig
80 g Zucker
½ TL Meersalz
1–2 Lorbeerblätter
2 Knoblauchzehen, geschält
12 Wachteleier oder 3–4 kleine Eier

- Für die eingelegten Eier den Randensaft mit Essig, Zucker, Salz, Lorbeer und Knoblauch aufkochen, auskühlen lassen.
- Die Eier mit kaltem Wasser bedeckt aufsetzen und aufkochen. Bei kleiner Hitze 3 Minuten (für Wachteleier) beziehungsweise 8–10 Minuten (für kleine oder normale Eier) ziehen lassen. Dann das Wasser abgießen, die Eier im Topf hin und her schütteln, so dass die Schale Risse bekommt. Mit kaltem Wasser aufgießen und 15 Minuten stehen lassen. Dann die Eier schälen und in ein enges, kleines Einmachglas geben. Die Randenflüssigkeit bis auf 2 EL darübergießen und die Eier zugedeckt 24 Stunden kalt stellen.
- Den Rucola verlesen, grobe Stiele entfernen, dann gründlich waschen und trockenschleudern.

- Die zurückbehaltenen 2 EL Randenflüssigkeit mit Senf, Pfeffer und Öl verrühren, den Rucola damit anmachen und anrichten. Die Eier aus der Flüssigkeit nehmen, längs halbieren und auf dem Salat anrichten.

Variante
Schmeckt auch gut mit Brunnenkresse.

Rucola-Kräuter-Salat mit Crevetten und Taramasalata

Für 4 Portionen

100 g feiner Rucola
½ Bund glattblättrige Petersilie, abgezupfte Blätter
2–3 Zweige Kerbel, abgezupfte Blättchen
1–2 Dillzweige, gezupft
1–2 Limetten, Saft
5 EL Olivenöl
wenig gehackter Thymian
4–8 große Crevettenschwänze, geschält, entdärmt

Taramasalata:
100 g Weißbrot, ohne Kruste, in Stücke geschnitten
kalte Milch zum Einweichen
1 Knoblauchzehe, geschält, gequetscht
1–2 Zitronen, Saft
50 g Tarama* oder Lachsrogen
150 ml kaltgepresstes Olivenöl
½ Bund Schnittlauch, geschnitten
Meersalz
schwarzer Pfeffer, grob zerstoßen

- Für das Taramasalata das Brot 10 Minuten in Milch einweichen. Dann gut ausdrücken. Mit dem Knoblauch, dem Saft von einer Zitrone und dem Tarama oder Fischrogen mixen. Das Olivenöl nach und nach einlaufen lassen, dabei weitermixen. Den Schnittlauch beifügen, mit Salz, Pfeffer und wenn nötig dem restlichen Zitronensaft abschmecken. Bis zur Verwendung kalt stellen.
- Den Rucola verlesen, grobe Stiele entfernen, dann gründlich waschen und trockenschleudern. Mit Petersilie, Kerbel und Dill mischen. Den Limettensaft mit dem Olivenöl und Thymian verrühren. 2 EL davon über die Crevetten verteilen, den Rest beiseite stellen.
- Die Crevetten unter Wenden rasch grillieren. Die Rucola-Kräuter-Mischung mit der restlichen Sauce anmachen und anrichten. Die Crevetten darauf setzen und mit 1 EL Taramasalata garnieren. Den Rest Taramasalata separat dazu servieren.
- Dazu passt warmes Pitabrot.

Einkaufen
*Tarama ist die griechische Bezeichnung für den zartorangefarbenen Rogen (Fischeier) vom Karpfen, der für die bekannte griechische Spezialität Taramasalata verwendet wird. Taramasalata passt auch zu Cracker, Pitabrot oder rohem Gemüse.

Gemischter Salat mit Granatapfel und Nüssen

Für 4 Portionen

75 g Rucola
1 Kopfsalat
50–75 g Baumnüsse
2 EL Zucker
2 EL Ahornsirup
wenig Cayennepfeffer
Meersalz
1 Granatapfel, Kerne

Salatsauce:
1 unbehandelte Orange, abgeriebene Schale
2 EL Champagneressig
3–4 EL kaltgepresstes Olivenöl
schwarzer Pfeffer aus der Mühle

- Den Rucola verlesen, grobe Stiele entfernen, dann gründlich waschen und trockenschleudern. Vom Kopfsalat die Blätter ablösen, waschen und trockenschleudern.
- Die Baumnüsse mit Zucker, Ahornsirup und 1 TL Wasser rösten, bis der Zucker geschmolzen ist. Cayennepfeffer und Salz beifügen und weiterrösten, bis der Zucker leicht karamellisiert. Auf einen Teller geben und auskühlen lassen.
- Für die Salatsauce die abgeriebene Orangenschale mit Essig, Öl, Pfeffer und Salz verrühren.
- Rucola, Kopfsalat und Granatapfelkerne mischen, mit der Sauce anmachen und anrichten. Die Nüsse darüberstreuen.

Tipp
Den Granatapfel halbieren und die Kerne über einer Schüssel mit einem Löffel aus der Schale klopfen. Achtung: Granatapfelsaft macht Flecken, die beim Waschen kaum mehr ausgehen.

Gemischter Salat mit Fenchel und Parmesan

Für 4 Portionen

100–150 g Rucola
1 Radicchio
2 Endivien
2 kleine Fenchel, dünn gehobelt
etwas Fenchelkraut
1 kleine Zitrone, Saft
3–4 EL kaltgepresstes Olivenöl
Meersalz, schwarzer Pfeffer aus der Mühle
Parmesan am Stück zum Darüberhobeln

- Den Rucola verlesen, grobe Stiele entfernen, dann gründlich waschen und trockenschleudern. Die Radicchio- und Endivienblätter ablösen, waschen, sorgfältig trocknen und wenn nötig in Stücke schneiden. Mit Rucola, Fenchel und Fenchelkraut mischen.
- Den Zitronensaft mit Öl, Salz und Pfeffer verrühren, über den Salat gießen, mischen und anrichten. Den Parmesan direkt darüberhobeln.

Gemischter Salat mit Granatapfel und Nüssen

Eier-Rucola-Salat mit Minze

Für 4–6 Portionen

½–1 rundes Fladenbrot (z.B. Pizza bianca, Focaccia oder türkisches Fladenbrot; 250–300 g)
Olivenöl
Za'atar*
2–3 Thunfischsteaks à ca. 200 g
Meersalz, schwarzer Pfeffer, grob zerstoßen
Zitronensaft
1 Bund Rucola (ca. 100 g)
50–75 g Wasser- oder Winterkresse
50–75 g geschälte Mandeln, geröstet
½ Tasse Minzeblätter
2–3 hartgekochte Eier, geschält, in Viertel geschnitten

- Das Fladenbrot mit Olivenöl bestreichen, mit der Gewürzmischung bestreuen. 5–10 Minuten in der Mitte des auf 180 Grad vorgeheizten Backofens knusprig backen. Herausnehmen, etwas auskühlen lassen, dann das Brot in Stücke brechen.
- Die Thunfischsteaks mit Haushaltpapier trockentupfen. Mit Öl bestreichen, mit Salz und Pfeffer würzen. Auf dem Grill oder in der Grillpfanne unter Wenden 2–4 Minuten braten, dann leicht auskühlen lassen und in mundgerechte Bissen zerkleinern.
- Für die Salatsauce 1–2 Teelöffel Za'atar mit Zitronensaft und 4–6 EL Olivenöl verrühren, mit Salz und Pfeffer würzen.
- Rucola, Kresse, Mandeln und Minzeblätter in einer Schüssel mischen, mit der Sauce anmachen und auf Tellern anrichten. Brot, Thunfisch und Eier darauf verteilen und sofort servieren.

Variante

Statt Thunfisch Halloumi (zypriotischer Grillkäse, siehe Seite 42) verwenden.

Einkaufen

*Za'atar ist eine Gewürzmischung, die im Vorderen Orient häufig verwendet wird. Wie bei den meisten Mischungen existieren je nach Region und Familie die verschiedensten Rezepturen. Zum Selbermachen 6 TL getrockneten Ysop oder Thymian im Mörser zerstoßen, mit 2–3 TL Sumach (siehe Seite 52), 2–3 TL gerösteten Sesamsamen und ½ TL Meersalz mischen. In ein gut verschließbares Gefäß geben oder mit Olivenöl zu einer Paste mischen und im Kühlschrank aufbewahren. Za'atar schmeckt gut zum Beispiel über Hackbällchen, Gemüse, Kartoffeln, Salat, als Marinade für Fleisch oder als Dip mit Olivenöl zu Pitabrot, libanesischem Brot und rohem Gemüse. Oder vor dem Backen auf Fladenbrot streuen. Za'atar ist als fertige Mischung in orientalischen Lebensmittelgeschäften erhältlich.

Taboulé mit Rucola und Randen

Für 6–8 Portionen

500 g kleine Randen (Rote Beten), samt Blättern
60 g Burgul*
1–2 Bund Rucola (ca. 150 g)
2 Tassen glattblättrige Petersilienblättchen
1 Tasse Minzeblättchen
3 Frühlingszwiebeln, fein gehackt
1 Tomate (z.B. Peretti, San Marzano), fein gehackt
wenig Zitronensaft
5–6 EL kaltgepresstes Olivenöl
Meersalz, schwarzer Pfeffer aus der Mühle

- Die Blätter der Randen bis auf 2 cm zurückschneiden. Die Randen in siedendem Wasser knapp weich garen. Abgießen, auskühlen lassen, dann schälen und in je 6–8 Schnitze schneiden.
- Den Burgul in 120–150 ml kochend heißem Wasser quellen lassen, bis er alle Flüssigkeit aufgesogen hat.
- Den Rucola verlesen, grobe Stiele entfernen, dann gründlich waschen, trockenschleudern und fein hacken. Petersilie und Minze fein hacken.
- Den Burgul mit dem Rucola, den Kräutern, Frühlingszwiebeln und Tomaten mischen. Mit Zitronensaft, Öl, Salz und Pfeffer abschmecken und anrichten. Die Randen auf dem Taboulé verteilen.

Einkaufen

*Burgul oder Bulgur ist ein aus Hartweizen hergestelltes Grundnahrungsmittel der orientalischen Küche: Die Hartweizenkörner werden kurz gekocht, abgetropft, dann traditionell auf den Dächern an der Sonne gedarrt (getrocknet). Anschliessend werden sie teilweise noch in Steinmühlen zerkleinert. Bulgur schmeckt getreidig-nussig und ist in drei bis vier Mahlgraden – von fein bis grob – erhältlich. Für das klassische Taboulé ist eine feine bis mittlere Qualität zu empfehlen. Bulgur ist vielseitig zu verwenden: Zum Füllen von Weinblättern, Peperoni (Paprikaschoten) oder anderen Gemüsen, in Saucen, mit Fleisch oder Reis gemischt oder sogar als süsse Spezialität mit wilden Aprikosen (Anatolien). Erhältlich in türkischen und griechischen Lebensmittelgeschäften oder im Reformhaus.

Fattoush

Fattoush

Für 4 Portionen

1–2 Pitabrote, waagrecht halbiert
1 Lattich, in Streifen geschnitten
3 Bundzwiebeln, fein geschnitten
1 Freilandgurke, geschält, halbiert, entkernt, in Stücke geschnitten
250 g Cherrytomaten, halbiert
1–2 Bund Rucola (ca. 150 g)
1 Bund glattblättrige Petersilie, gehackt
2–3 Zweige Minze, abgezupfte Blättchen
½–1 EL Sumach*
5–6 EL kaltgepresstes Olivenöl
Meersalz, schwarzer Pfeffer aus der Mühle

- Die Pitabrote in der Mitte des auf 175 Grad vorgeheizten Backofens knusprig und trocken backen, ohne sie stark zu bräunen. Dann in kleine Stücke brechen.
- Den Lattich mit Zwiebeln, Tomaten, Rucola, Kräutern und Sumach in einer Schüssel mischen. Das Öl darüberträufeln, mit Salz und Pfeffer würzen und mischen.
- Den Fattoush anrichten und mit dem Pitabrot bestreuen.

Tipp
Fattoush ist ein libanesischer (Brot-)Salat, den man vielfältig variieren kann. Kräuter gehören immer dazu, und Sumach gibt dem Salat den typischen Geschmack.

Variante
Statt Lattich Portulak verwenden.

Einkaufen
Das körnig-rötliche Gewürz *Sumach oder Sumac, aus den getrockneten Beeren eines wild wachsenden dekorativen Strauchs hergestellt, wird im Orient zum Würzen, Abschmecken und Verfeinern verwendet. Es schmeckt fruchtig-säuerlich und wirkt leicht adstringierend. Man kann es teilweise durch Zitronensaft oder Apfelessig ersetzen. Sumach ist in orientalischen Lebensmittelläden oder in Gewürzabteilungen großer Kaufhäuser erhältlich. Wichtig: Das Gewürz lichtgeschützt aufbewahren, sonst verliert es die intensive purpurrote Farbe und seinen typischen Geschmack.

Labna auf Rucola

Für 50 Stück

1 kg Schafmilch- oder griechischer Joghurt
2 TL Meersalz
je ½ Tasse Minze- und glattblättrige Petersilienblättchen, fein gehackt
50 g feiner Rucola
kaltgepresstes Olivenöl zum Servieren

- Den Joghurt mit dem Salz verrühren. Ein großes Sieb mit einem feinen Baumwoll- oder Mulltuch auslegen. Den Joghurt hineingeben, das Sieb bedecken und auf eine Schüssel stellen. 1 bis 2 Tage im Kühlschrank abtropfen lassen.
- Mit zwei Teelöffeln oder dem kleinsten Glaceausstecher nussgroße Portionen formen. In den Kräutern wenden und bis zur Verwendung zugedeckt kalt stellen.

- Den Rucola auf Teller verteilen, die Labnabällchen daraufgeben und mit Öl beträufeln.

Tipp
Labna in Olivenöl gut verschlossen im Kühlschrank aufbewahren. Haltbarkeit: 1 Woche.

Variante
Joghurt und Rahmquark zu gleichen Teilen mischen.

Gemischter Salat mit geräuchertem Aal und Kapern

Für 4 Portionen

100–150 g gemischter Salat (z.B. Eichblattsalat, Radicchio oder Trevisana, Winter- oder Brunnenkresse, Mizuna, Rucola), in mundgerechte Stücke geschnitten oder gezupft
½ Freilandgurke, geschält, halbiert, entkernt, in feine Streifen geschnitten
2 TL Kapern, gehackt
2 Bundzwiebeln, fein gehackt
150–200 g geräucherter Aal, enthäutet, in Stücke gezupft
4 Wachteleier, gekocht, nach Belieben
Öl zum Braten
schwarzer Pfeffer aus der Mühle

Salatsauce:
je 2 TL Champagner- oder Weinessig und Zitronensaft
wenig Honigsenf
Meersalz
2–3 EL kaltgepresstes Olivenöl
1 EL Öl

- Die Zutaten für die Salatsauce verrühren.
- Den Salat mit Gurke, Kapern und Frühlingszwiebeln mischen, mit der Sauce anmachen. Auf Teller geben und den Aal darauf verteilen.
- Die Wachteleier wie Spiegeleier braten, bis das Weiße stockt. Auf dem Salat anrichten und sofort servieren.

Sandwich mit Huhn, Rucola und Mayonnaise

Für 4 Portionen

1 Baguette von ca. 150 g
1 Portion klassische oder Rucolamayonnaise (Seite 18)
50 g feiner Rucola
2 Hühnerbrüstchen, grilliert oder pochiert, in Stücke geschnitten
1 reife Avocado, in Scheiben geschnitten
Meersalz, schwarzer Pfeffer aus der Mühle

- Das Baguette der Länge nach einschneiden, leicht aufklappen. Beide Schnittflächen mit Mayonnaise bestreichen. Die untere Hälfte mit Rucola, Hühnerbrust und Avocado belegen, würzen, das Baguette zuklappen und leicht zusammendrücken.
- Das Sandwich schräg in vier Stücke schneiden. Nach Belieben mit einer Extraportion Mayonnaise und Rucola servieren.

Variante
Statt Hühnerbrust Fisch oder Crevetten verwenden.

Auberginen-Sandwiches

Mit Rucola gekocht: Warme Gerichte

Auberginen-Sandwiches

Für 8 Stück

8 kleine längliche Auberginen
2 rote Peperoni (Paprika)
Olivenöl
Meersalz
150–200 g Frischkäse (z.B. Ziege, Schaf oder Feta), zerkleinert
Rucola

• Die Auberginen und Peperoni rundherum mit Öl bestreichen, leicht salzen. Nebeneinander auf ein mit Alufolie belegtes Blech verteilen. 20–30 Minuten in der Mitte des auf 200 Grad vorgeheizten Backofens rösten, dabei die Auberginen einmal wenden. Sobald sie weich sind, herausnehmen und beiseite stellen. Die Peperoni eventuell länger rösten, bis die Haut Blasen wirft und schwarze Stellen bekommt. Das Blech herausnehmen und die Peperoni unter einem feuchten Tuch oder in einem Plastikbeutel auskühlen lassen.
• Die Peperoni enthäuten, halbieren und entkernen. Dann längs in Streifen schneiden.
• Die Auberginen der Länge nach einschneiden, so dass sie am einen Ende noch zusammenhalten. Peperonistreifen, Käse und Rucola in die Auberginenschlitze füllen. Leicht zusammenpressen, in Folie wickeln und 1–2 Stunden kalt stellen.
• Dazu passt Ciabatta.

Rucola-Velouté mit Käserahm

Für 4 Portionen

300–400 g feiner Rucola
1 Tasse Basilikumblätter
je 1 Zweig Thymian, Oregano und wenig Rosmarin, abgezupfte Blättchen
2–4 Knoblauchzehen, geschält
50 g Butter, weich
800 ml Gemüsebouillon
Meersalz, schwarzer Pfeffer aus der Mühle
200 ml Milch
½–¾ Tasse frisch geriebener Parmesan

• Den Rucola zusammen mit den Kräutern, dem Knoblauch und der Butter im Cutter zerkleinern. 4–6 Esslöffel Bouillon dazugeben und weitermixen, bis eine feine Paste entsteht.
• Die restliche Bouillon aufkochen. Die Rucolapaste unter Rühren beifügen, mit Salz und Pfeffer abschmecken.
• Milch und Parmesan mixen, bis eine glatte Creme entsteht. Im warmen Wasserbad unter Rühren warm werden lassen.
• Die Suppe in vorgewärmte Teller anrichten, mit dem Milch-Parmesan-Schaum garnieren.

Variante
Die Milch zur Hälfte mit Rahm mischen.

Rucola-Velouté mit Käserahm

Kalte Rucola-Buttermilch-Suppe

Für 4 Portionen

1 große Stange Lauch, nur weißer Teil, fein geschnitten
Olivenöl zum Dämpfen
Meersalz
500 g mehlig kochende Kartoffeln, geschält, in Würfel geschnitten
600 ml Hühnerbouillon, heiß
400 g feiner Rucola
300 ml Buttermilch nature
1 Freilandgurke, geschält, halbiert, entkernt, in feine Streifen geschnitten
2 geräucherte Forellenfilets, zerkleinert

- Den Lauch mit etwas Salz in Öl dämpfen. Die Kartoffelwürfel beifügen, 8–10 Minuten mitdämpfen. Mit der Bouillon ablöschen und köcheln lassen, bis die Kartoffeln weich sind.
- Den Rucola verlesen, grobe Stiele entfernen, dann gründlich waschen und trockenschleudern. In siedendem Salzwasser blanchieren, sofort abgießen, kalt abschrecken, gut auspressen und fein hacken. Zur Suppe geben, dann alles zusammen pürieren. Nach Belieben durch ein Sieb passieren und in die Pfanne zurückgeben. Die Buttermilch dazugeben, mit Salz abschmecken. Zugedeckt kalt stellen.
- Die Suppe in Bowlen oder Gläser verteilen, mit Gurke und Forelle bestreuen.

Tipp
Die Suppe kann auch warm serviert werden.

Bittergemüse mit Kreuzkümmelbutter

Für 4 Portionen

2 TL Kreuzkümmelsamen, geröstet, leicht zerstoßen
50 g Butter, weich
1 unbehandelte Zitrone, abgeriebene Schale
Meersalz, schwarzer Pfeffer aus der Mühle
400–600 g gemischte Bittergemüse (z.B. Rucola, Mizuna, asiatische Senfgewächse, Cima di rapa)
Öl zum Rührbraten

- Den Kreuzkümmel mit Butter, Zitronenschale, Salz und Pfeffer mischen. Zu einer Rolle formen und zugedeckt kalt stellen.
- Das Gemüse verlesen, grobe Stiele entfernen, dann gründlich waschen und trockenschleudern.
- Das Gemüse mit etwas Salz im Wok oder in einer großen Pfanne in heißem Öl 2–3 Minuten rührbraten. Dann anrichten, die Butter darauf verteilen und schmelzen lassen.

Bittergemüse mit Kreuzkümmelbutter

Rucola-Minestrone

Für 4–6 Portionen

800 g feiner Rucola
80 g Hartweizenpasta (z.B. große Muscheln), zerkleinert
80 g getrocknete Cannellinibohnen*, eingeweicht
2 Knoblauchzehen, geschält, gehackt
Olivenöl
1–2 rote Peperoncini, zerkleinert
2–4 Sardellenfilets in Salz*, gewässert, getrocknet
Meersalz, schwarzer Pfeffer aus der Mühle
Parmesan, frisch gerieben

- Den Rucola verlesen, grobe Stiele entfernen, dann gründlich waschen und trockenschleudern. Die Hälfte in siedendem Salzwasser kurz blanchieren, abgießen, kalt abschrecken, gut auspressen und dann hacken.
- Die zerkleinerte Pasta in genügend Salzwasser bissfest kochen, die Cannellinibohnen separat weich kochen.
- Den Knoblauch in Öl dünsten, bis er goldbraun wird. Die Peperoncini und die Sardellen beifügen und dünsten, bis die Sardellen zerfallen. Den blanchierten, gehackten Rucola beifügen und kurz mitdünsten. Mit 600 ml Wasser ablöschen, aufkochen. Mit Salz und Pfeffer abschmecken.
- Pasta und Bohnen in die Suppe geben und nochmals heiß werden lassen. Den restlichen Rucola beifügen, kurz zusammenfallen lassen. Abschmecken und anrichten.

Einkaufen

*Cannellini-, Flageolet-, Borlottibohnen (Auskernbohnen) und andere Sorten sind im Frühsommer bis Herbst frisch erhältlich. Frische Bohnenkerne werden aus den Schoten gelöst und ohne Einweichen gekocht. Die Kochzeit beträgt je nach Größe 30 bis 45 Minuten. Getrocknete Bohnen müssen 6 bis 8 Stunden in kaltem Wasser eingeweicht werden (sie garen dann gleichmäßiger und schneller). Die Kochzeit ist je nach Qualität etwa doppelt so lang wie die der frischen Bohnen. Eine praktische Alternative sind die bereits gekochten Bohnen aus der Dose, selber gekocht schmecken sie aber einfach besser.
Das Rezept: 80 bis 100 g eingeweichte oder frische Bohnen (Cannellini, Flageolet, Borlotti oder rote Bohnen) mit 1 Tomate, einigen Zweigen Petersilie und 1 geschälten Knoblauchzehe in Wasser knapp weich garen. Die Bohnen im Kochwasser erkalten lassen, dann die Petersilie und den Knoblauch entfernen, salzen. Tipp: Das Kochwasser für die Suppe verwenden; das gibt ihr eine gute Bindung.
*In Salz eingelegte Sardellen gibt es filetiert oder ganz (mit Kopf). Meistens werden sie offen nach Grammgewicht verkauft und sollten so rasch wie möglich verbraucht werden; denn durch die Oxidation verlieren sie an Geschmack. Am besten schmecken möglichst große; sie sollten noch leicht rötlich schimmern (nicht braun), fest und trocken sein. Erhältlich in italienischen Lebensmittelgeschäften.

Rucola-Kartoffel-Suppe

Für 4 Portionen

300 g feiner Rucola
Butter
Meersalz
250 g mehlig kochende Kartoffeln, geschält, in feine Scheiben geschnitten
1–1,2 l Gemüsebouillon, heiß
schwarzer Pfeffer aus der Mühle
8 Scheiben Baguette, dünn geschnitten
8 Scheiben Blaukäse (z.B. Stilton, Gorgonzola, Fourme d'Ambert), dünn geschnitten (ca. 100 g)

- Den Rucola verlesen, grobe Stiele entfernen, dann gründlich waschen und trockenschleudern.
- Den Rucola in Butter unter Wenden dünsten, leicht salzen. Die Kartoffelscheiben dazugeben und 1 Minute mitdünsten. Die Bouillon dazugießen, aufkochen, mit Salz und Pfeffer würzen. 5 bis 10 Minuten bei kleiner Hitze köcheln lassen. Dann pürieren.
- Die Brotscheiben mit dem Käse belegen und unter dem heißen Grill schmelzen lassen.

Die Suppe anrichten und mit den Käsetoasts belegen.

Rucolarisotto

Für 4 Portionen

1 kleine Schalotte oder Bundzwiebel, gehackt
60 g Butter
2–4 Navets (Mairüben)*, geschält, gerieben (ca. 350 g)
300–350 g Risottoreis (z.B. Carnaroli, Arborio)
½ TL Kurkuma (Gelbwurz)
150 ml trockener Weißwein, eiskalt
1,2 l Gemüsebouillon, heiß
60 g Parmesan, gerieben
100 ml Doppelrahm oder Rahm, fest geschlagen
Meersalz, schwarzer Pfeffer aus der Mühle
einige Tropfen Zitronensaft
2–3 Hand voll feiner Rucola

- Die Schalotte oder Bundzwiebel in der Butter glasig dünsten. Die geriebenen Rübchen beifügen und mitdünsten. Reis und Kurkuma dazustreuen und unter Rühren mitdünsten, bis der Reis knistert. Mit dem Wein ablöschen und diesen einkochen lassen. Einen Schöpflöffel Bouillon dazugießen und unter häufigem Rühren fast ganz einkochen lassen. Die restliche Bouillon nach und nach dazugießen, bis der Risotto nach 17 bis 20 Minuten bissfest gegart und noch cremig-flüssig ist.
- Den Parmesan und den Rahm unter den Risotto mischen, mit Salz, Pfeffer und Zitronensaft abschmecken. Den Rucola darunterheben und sofort anrichten.

Einkaufen

*Navets oder Mairüben (auch Speiserüben genannt) sind eine alte Kulturpflanze. Es gibt Mai-, Herbst- und Teltower Rübchen (letztere eine Unterart, die ursprünglich nur in Teltow bei Berlin angepflanzt wurden). Mairüben sind entweder flachrund und weiß mit rötlich-violetten Köpfen oder rund und schneeweiß. Sehr beliebt sind die Navets in der welschen Schweiz, in Frankreich und in England (wo sie *turnip* heißen). Am besten schmecken Mairüben, wenn sie jung, klein und zart sind. Die feinen Blätter können wie Spinat zubereitet werden; sie schmecken rettichartig und ergeben deshalb mit Rucola eine wunderbare Kombination. Hauptsaison ist von April bis Oktober. Herbstrüben oder Räben sind größer als die Mairüben; sie sind ab Oktober zu einem kleinen Teil frisch auf dem Markt erhältlich, werden aber größtenteils zu Sauerrüben verarbeitet.

Rucola-Spinat-Gemüse

Für 4 Portionen

1 kleine Zwiebel, fein gehackt
2 Knoblauchzehen, fein gehackt
1 kleine rote Chili, halbiert, entkernt, fein geschnitten
Öl zum Dämpfen
200 g feiner Rucola, gehackt
300 g feine Spinatblätter, gehackt
4–6 EL Kokosnusscreme oder -milch
2 EL gehackte glattblättrige Petersilie

- Die Zwiebel mit Knoblauch und Chili in Öl glasig dämpfen. Die Temperatur höher stellen, Rucola und Spinat beifügen und unter Wenden zusammenfallen lassen. Die Kokosnusscreme oder -milch beifügen und 1 bis 2 Minuten sämig köcheln lassen. Mit Salz und Pfeffer würzen.
- Das Rucola-Spinat-Gemüse anrichten und mit Petersilie bestreuen.
- Passt zu grilliertem Fisch oder Fleisch.

Rührgebratenes Gemüse

Für 4–6 Portionen

200 g feiner Rucola
200 g Catalogna oder Chicorée, rot oder grün
200 g Mangoldblätter oder Spinat
200 g Cima di rapa oder Broccoli
Meersalz
3–4 Knoblauchzehen, geschält, fein geschnitten
2 getrocknete, rote Peperoncini, zerstoßen
Olivenöl
schwarzer Pfeffer aus der Mühle
1–2 Zitronen, halbiert

- Den Rucola und die Gemüse putzen und waschen. In siedendem Salzwasser separat kurz blanchieren. Herausnehmen und kalt abschrecken, größere Blätter kleiner schneiden.
- Den Knoblauch und die Peperoncini in etwas Öl unter Rühren dünsten, bis es gut riecht. Die Temperatur erhöhen, das Gemüse beifügen und einige Sekunden rührbraten. Mit Salz und Pfeffer würzen, anrichten. Die Zitronenhälften dazu reichen.

Tipp
Schmeckt heiß oder lauwarm.

Ziegenkäse auf Rucola-Gemüse-Toast

Für 4 Portionen

½ Portion rührgebratenes Gemüse (siehe links)
4 dünn geschnittene große Brotscheiben (z.B. Nussbrot, Sauerteigbrot), getoastet
2–4 runde Ziegenkäse (z.B. Crottin de Chavignol), waagrecht halbiert
Olivenöl
schwarzer Pfeffer aus der Mühle

- Das Gemüse nach Rezept zubereiten. Auf den getoasteten Brotscheiben verteilen, mit dem Käse belegen und mit Öl beträufeln.
- Im oberen Teil des auf Grill vorgeheizten Backofens überbacken. Anrichten und mit etwas frisch gemahlenem Pfeffer bestreuen.

Grüne Frittata

Für 4 Portionen

2 Knoblauchzehen, geschält
Meersalz
1 kg gemischtes Blattgemüse und Kräuterblätter (z.B. Rucola, Mangold oder Spinat, Löwenzahn, Minze, Majoran, glattblättrige Petersilie)
4–6 Scheiben Ciabatta, Kruste entfernt, in Milch eingeweicht
100 g Parmesan, gerieben
schwarzer Pfeffer aus der Mühle
8 frische Eier
Olivenöl

• Den Knoblauch in reichlich Salzwasser 5 Minuten garen. Die Temperatur erhöhen, das Blattgemüse und die Kräuterblätter beifügen, kurz blanchieren. Abgießen, kalt abschrecken und gut abtropfen lassen, dann fein hacken.
• Das eingeweichte Brot gut auspressen und mit einer Gabel zerkleinern. Mit dem gehackten Gemüse und den Kräutern, 50 g Parmesan sowie Salz und Pfeffer mischen.
• Die Eier in eine große Schüssel aufschlagen, mit Salz und Pfeffer würzen. Die Gemüse-Brot-Mischung beifügen, vermengen.
• Etwas Öl in einer großen oder zwei kleinen ofenfesten Bratpfannen (nichtofenfeste Griffe mit Alufolie einwickeln) erhitzen. Die Masse für die Frittata hineingießen, einige Minuten auf der Herdplatte bei kleiner Hitze stocken lassen. Dann mit dem restlichen Käse bestreuen und mit wenig Öl beträufeln. In der Mitte des auf 125 Grad vorgeheizten Backofens einschieben und in etwa 15–20 Minuten vollständig stocken lassen.
• Die Frittata aus dem Ofen nehmen, die Ränder mit einem Spachtel lösen. In Portionen schneiden und anrichten.

Gemüse vom Blech mit Rucolapesto

Für 4 Portionen

Ca. 1,2 kg gemischtes Wurzelgemüse (z.B. Karotten, Sellerie, Pastinaken), geschält, in Stücke geschnitten
2 rote Peperoni (Paprika), in Viertel geschnitten
3–4 große Schalotten, geschält
3–4 rote Peperoncini, ganz
Olivenöl
Meersalz, schwarzer Pfeffer aus der Mühle

Pesto:
80–100 g feiner Rucola
2 Bund Koriander, abgezupfte Blättchen (ca. 20 g)
2–3 EL Pinienkerne
4–6 EL kaltgepresstes Olivenöl
1 kleine Knoblauchzehe, durchgepresst

• Das Gemüse, die Peperoni, Schalotten und Peperoncini mit Öl beträufeln und würzen. Auf ein mit Backpapier belegtes Blech verteilen. In der Mitte des auf 190 Grad vorgeheizten Backofens 50–60 Minuten schmoren.
• Für den Pesto den Rucola verlesen, grobe Stiele entfernen, dann gründlich waschen und trockenschleudern. Zusammen mit Koriander, Pinienkernen, Öl, Knoblauch, Salz und Pfeffer mixen.
• Das Gemüse anrichten und den Pesto dazu servieren.
• Dazu passen gebratene Polentaschnitten.

Gebratener Kürbis mit Rucola

Für 3–4 Portionen

1 kleiner Kürbis (z.B. Butternut), geschält, in Würfel geschnitten
1 rote Peperoni (Paprika), in Streifen geschnitten
Meersalz
¼ TL Korianderkörner, grob zerstoßen
Olivenöl
2 Scheiben Weißbrot, in Würfel geschnitten
50 g feiner Rucola, grob zerkleinert
schwarzer Pfeffer aus der Mühle

- Den Kürbis zusammen mit der Peperoni, Salz und Koriander in Öl unter Wenden leicht braten. 15–20 Minuten bei kleiner Hitze weiterbraten, bis der Kürbis knapp weich ist.
- Die Brotwürfel in Öl unter Wenden goldbraun braten.
- Den Rucola zum Kürbisgemüse geben und mischen. Mit Pfeffer und Salz abschmecken. Die Brotwürfel darüberstreuen.

Variante
Nach Belieben 4–6 Eier verquirlen, würzen. Zum Gemüse gießen und unter Wenden kurz stocken lassen. Dann erst mit den Brotwürfeln bestreuen.

Geröstete Randen mit Rucola

Für 4 Portionen

3–4 mittelgroße rote oder gelbe Randen (Rote Beten)*
Olivenöl
100–150 g feiner Rucola
50 ml frisch gepresster Orangensaft
1 unbehandelte Orange, fein abgeriebene Schale
1–2 TL Honig
1–2 TL Balsam- oder Balsamicoessig (siehe Seite 21 und 28)
Meersalz, schwarzer Pfeffer aus der Mühle
1 kleine rote Zwiebel, fein geschnitten

- Die Randen mit Olivenöl bepinseln und in Alufolie wickeln. 60–75 Minuten in der Mitte des auf 175 Grad vorgeheizten Backofens schmoren, bis sie weich sind.
- Den Rucola verlesen, grobe Stiele entfernen, dann gründlich waschen und trockenschleudern.
- Die weich gegarten Randen schälen und in Scheiben schneiden. In etwas Öl erwärmen. Mit Orangensaft und -schale, Honig, Essig, Salz und Pfeffer abschmecken.
- Die Randen anrichten, mit Rucola und Zwiebeln bestreuen.
- Dazu passt gebratener Ziegenkäse.

Einkaufen

Bei uns werden vorwiegend die runden oder länglichen dunkelroten *Randen oder Roten Beten angeboten. Auf Wochenmärkten findet man vereinzelt die Sorte Chioggia mit rot-weißer Ringmusterung oder die goldgelbfarbene, auch Golden Beet genannte. Beide schmecken süßlich-herb und weniger erdig als die herkömmlichen Sorten. Sie schmecken hervorragend roh als Salat, eignen sich aber auch zum Kochen (wobei die Farben etwas verblassen).

Reis mit Rucola und Kräutern

Für 4 Portionen

½–1 Bund Rucola (ca. 75 g)
180–200 g Basmatireis
Meersalz
1 Tasse gemischte Kräuterblättchen (z.B. glattblättrige Petersilie, Koriander, Schnittlauch), fein gehackt
3 feine Bundzwiebeln, fein geschnitten
50 g Butter

- Den Rucola verlesen, grobe Stiele entfernen, dann gründlich waschen, trockenschleudern und fein schneiden.
- Den Reis in ein Sieb geben. Unter fließendem kaltem Wasser spülen, bis das Wasser klar ist.
- Kaltes Wasser aufkochen, salzen. Den Reis beifügen und 10 Minuten köcheln lassen. Dabei gelegentlich umrühren. Rucola, Kräuter und Zwiebeln beifügen und mischen. Dann den Reis sofort in ein Sieb abgießen und abtropfen lassen. Der Reis sollte noch ziemlich bissfest sein.
- Die Hälfte der Butter schmelzen, den Reis beifügen. Die restliche Butter dazugeben, sorgfältig mischen und salzen. Den Reis zugedeckt 10–15 Minuten auf kleinster Hitze ziehen lassen.
- Den Reis lockern und sofort anrichten.
- Passt zu Gigot, Poulet oder Fisch vom Grill.

Variante

Statt Kräuter feinen Blattspinat oder Brennnesseln verwenden.

Ofenkartoffeln mit Rucola

Für 4 Portionen

100 g feiner Rucola
500 g Frühkartoffeln
1 kleine frische Knoblauchknolle, waagrecht halbiert
Olivenöl
180 ml Rahm
Meersalz, schwarzer Pfeffer aus der Mühle

- Den Rucola verlesen, grobe Stiele entfernen, dann gründlich waschen und trockenschleudern.
- Die Kartoffeln mit einer Gemüsebürste unter fließendem kaltem Wasser gründlich waschen. Je nach Größe ganz lassen oder halbieren. In eine geölte ofenfeste Form geben.
- Den Knoblauch in Öl goldbraun rösten. Die Pfanne von der Herdplatte ziehen, den Rahm dazugießen und mit dem Knoblauch über die Kartoffeln verteilen. Mit Salz und Pfeffer würzen.
- Die Kartoffeln zugedeckt 30–40 Minuten in der Mitte des auf 180 Grad vorgeheizten Backofens backen.
- Die Kartoffeln anrichten und mit dem Rucola bestreuen.

Kartoffelgnocchi mit Tomatensauce und Rucola

Für 4–6 Portionen

600–800 g mehlig kochende Kartoffeln (z.B. Désirée, Agria, Safier, Tennaer)
150–200 g Mehl
Meersalz, schwarzer Pfeffer aus der Mühle
Muskatnuss, frisch gerieben
Olivenöl
2 Eigelb
4–6 EL gemischte gehackte Kräuter (z.B. glattblättrige Petersilie, Minze)
Butter
glattblättrige Petersilienblättchen und gehobelter Parmesan zum Servieren

Sauce:
6–8 Tomaten (z.B. Peretti, San Marzano)
2 Knoblauchzehen, geschält, gequetscht
1 EL gehackte Minze
250 ml Rahm
100 g Taleggio, in Würfel geschnitten
100–150 g Rucola

- Die Kartoffeln in der Schale im Dampf oder in Salzwasser zugedeckt weich kochen. Abgießen, noch heiß schälen und sofort durch die Kartoffelpresse auf eine mit Mehl bestäubte Arbeitsfläche drücken. Etwas auskühlen lassen. In die Mitte eine Mulde drücken, das Mehl hineingeben, mit Salz, Pfeffer, Muskatnuss würzen und mit Öl beträufeln. Die Eigelbe mit den Kräutern mischen und beifügen. Rasch zu einem Teig zusammenfügen. Zugedeckt 10 Minuten ruhen lassen.

Ofenkartoffeln mit Rucola

• Den Kartoffelteig zu Rollen von etwa 2 cm Durchmesser formen. In 1–2 cm dicke Scheiben schneiden und über den gewölbten Gabelrücken rollen. Kurz vor dem Servieren die Gnocchi portionenweise in kochendem Salzwasser ziehen lassen, bis sie an die Oberfläche steigen. Mit der Schaumkelle herausheben und gut abtropfen lassen. Sofort in heißer Butter schwenken.
• Für die Sauce die Tomaten längs halbieren, auf ein mit Folie belegtes Blech geben. Mit Öl beträufeln, mit Salz, Knoblauch und Minze würzen. 10–15 Minuten in der Mitte des auf 220 Grad vorgeheizten Backofens rösten. Herausnehmen.
• Den Rahm mit dem Taleggio unter Rühren sämig köcheln. Die gebackenen Tomatenhälften beifügen und nochmals heiß werden lassen. Den Rucola beifügen und nur kurz zusammenfallen lassen.
• Die Gnocchi zur Sauce geben, sorgfältig mischen und anrichten. Mit Petersilie und Käse bestreuen.

Pizza mit Rucola und Gorgonzola

Für 2 Portionen

100 g feiner Rucola
3 Bundzwiebeln, fein geschnitten
Olivenöl zum Dämpfen
Meersalz
1 Knoblauchzehe, gehackt
4 EL trockener Weißwein
1 Portion Pizzateig (ca. 400 g)
Mehl zum Ausrollen
1 EL feiner Maisgrieß
75 g Gorgonzola, zerkrümelt
50 g Parmesan, frisch gerieben
30 g Baumnüsse, geröstet, gehackt
schwarzer Pfeffer aus der Mühle

• Den Rucola verlesen, grobe Stiele entfernen, dann gründlich waschen und trockenschleudern.
• Die Zwiebeln in Öl glasig dämpfen, mit wenig Salz bestreuen. Den Knoblauch beifügen und mitdämpfen. Mit dem Wein ablöschen und diesen einkochen lassen. Von der Herdplatte ziehen.
• Den Pizzateig auf einer bemehlten Arbeitsfläche rund oder eckig ausrollen. Auf ein Backpapier ziehen und dicht einstechen. Mit dem Maisgrieß bestreuen, mit den gedämpften Zwiebeln, dem Gorgonzola und 30 g Parmesan bestreuen. 12–15 Minuten im unteren Teil des auf 250 Grad vorgeheizten Backofens backen.
• Die Pizza herausnehmen, mit den Nüssen, dem Rucola und dem restlichen Parmesan bestreuen. reichlich Pfeffer darübermahlen, in Stücke schneiden und servieren.

Pizza mit Rucola und Gorgonzola

Cream-Cheese-Tarte

Für 4 Portionen

150 g Feta
150 g Cottage Cheese
4 Eier
2 Hand voll feiner Rucola, fein gehackt
2 EL fein gehackte glattblättrige Petersilie
200 g Filo- oder Strudelteig* (5–6 Blätter)
Butter, flüssig
300 ml Milch

- Den Feta mit einer Gabel fein zerkrümeln. Den Cottage Cheese, ein Ei, Rucola und Petersilie beifügen.
- Ein Kuchenblech von 25 cm Durchmesser mit genügend hohem Rand mit einem Teigblatt belegen, die Ränder überstehen lassen. Das Teigblatt mit flüssiger Butter bestreichen. Ein zweites Teigblatt darauflegen, ebenfalls mit Butter bepinseln. Die Füllung darauf verteilen, die Teigränder darüberschlagen und mit den restlichen Teigblättern bedecken, dabei jede Lage mit Butter bestreichen.
- 15 Minuten in der Mitte des auf 180 Grad vorgeheizten Backofens backen. Die restlichen drei Eier mit der Milch verquirlen, über die heiße Tarte gießen und weitere 30 Minuten backen.
- Die Tarte in Stücke schneiden und heiß servieren.
- Dazu passt grüner Salat.

Einkaufen

*Filoteig (oder Phylloteig) ist ein wie Strudelteig sehr dünn ausgerollter Teig der griechischen und orientalischen Küche. (Phyllo ist griechisch und bedeutet Blatt.) Damit werden griechische oder türkische Spezialitäten wie Baklava, Börek oder Spanakopita (pikante Spinattorte) zubereitet. Filoteig ist frisch oder tiefgekühlt in griechischen oder türkischen Lebensmittelgeschäften erhältlich. Die türkische Variante des Filoteigs, Yufka genannt, ist etwas dicker ausgewallt und bäckt besonders knusprig. Als Ersatz können Strudelteigblätter verwendet werden.

Cream-Cheese-Tarte

Kartoffelküchlein mit Rucola und Speck

Für 4 Portionen

600–800 g mehlig kochende Kartoffeln (z.B. Désirée, Agria, Safier, Tennaer)
150 ml Milch
50 g Butter
2–3 Frühlingszwiebeln, fein geschnitten
60–80 g feiner Rucola, gehackt
50–100 g Mehl
schwarzer Pfeffer aus der Mühle
Bratbutter
8 Scheiben Bratspeck
1 Schalotte, fein gehackt
wenig Weißweinessig
1 Msp. Senfpulver oder Senf
2 EL kaltgepresstes Öl
Rucola und Winter- oder Brunnenkresse gemischt

• Die Kartoffeln in der Schale im Dampf oder in Salzwasser zugedeckt weich kochen. Inzwischen Milch, Butter und Zwiebeln heiß werden lassen. Die Kartoffeln abgießen, noch heiß schälen und sofort durch die Kartoffelpresse in die Milch drücken, mischen. Den gehackten Rucola und 50–70 g Mehl beifügen, mit Pfeffer würzen. Rasch zu einem Teig zusammenfügen. Wenn nötig das restliche Mehl beifügen. Zugedeckt 10 Minuten ruhen lassen.
• Den Kartoffelteig in 4 große oder 8 kleine Portionen teilen und zu Burgern formen. In Bratbutter unter Wenden goldbraun braten.
• Den Bratspeck ohne Fettbeigabe knusprig braten. Herausnehmen und auf Haushaltpapier abtropfen lassen. Die Schalotte in dieselbe Pfanne geben und glasig dämpfen. Von der Herdplatte ziehen, mit Essig ablöschen, mit Senf und Öl verfeinern. Noch warm mit Rucola und Kresse mischen und die gebratenen Speckscheiben darüberkrümeln.
• Die Kartoffelküchlein und den Salat anrichten, mit dem restlichen Speck garnieren.

Gefülltes Fladenbrot

Für 2–4 Portionen

200 g Rucola
½ Tasse gehackter Lauch, nur vom weißen Teil
½ Tasse gehackter Kürbis (z. B. Butternut)
Olivenöl
Meersalz
100 g Mozzarella, gerieben
50 g Parmesan, frisch gerieben
50 g Ricotta
Muskatnuss, frisch gerieben
schwarzer Pfeffer, frisch gerieben

Fladenbrot:
250 g Mehl
½ TL Meersalz
2 TL Zitronensaft
3 EL Olivenöl
6–9 EL lauwarmes Wasser

• Für das Fladenbrot Mehl, Salz, Zitronensaft, Öl und Wasser mischen, rasch zu einem Teig zusammenfügen. Von Hand kneten, bis ein weicher, glatter Teig entstanden ist. Den Teig halbieren, zu runden Fladen drücken, mit Öl bestreichen und in Folie wickeln. Über Nacht im Kühlschrank ruhen lassen.

- Den Rucola verlesen, grobe Stiele entfernen, dann gründlich waschen, trockenschleudern und grob zerkleinern.
- Lauch und Kürbis in Öl bei hoher Hitze 3 Minuten rührbraten. Den Rucola beifügen, leicht salzen und unter Rühren mitbraten, bis er zusammenfällt. Von der Herdplatte ziehen und auskühlen lassen. Die Käse beifügen, mit Salz, Muskatnuss und Pfeffer abschmecken.
- Den Teig aus dem Kühlschrank nehmen und Raumtemperatur annehmen lassen. Dann auf leicht bemehlter Arbeitsfläche 5 mm dick rechteckig ausrollen. Mit Folie zudecken und 10 Minuten ruhen lassen. Den Backofen samt Blech auf 250 Grad vorheizen.
- Die Teigrechtecke von Hand von der Mitte her wie für einen Strudelteig so dünn wie möglich auf Blechgröße (30 x 40 cm) ausziehen. Eines der Teigrechtecke auf ein geöltes Backpapier geben. Die Füllung darauf verteilen, dabei einen 1,5 cm breiten Rand frei lassen. Mit dem zweiten Teigrechteck bedecken und die Ränder festdrücken. Die Teigoberfläche nach Belieben vier- oder fünfmal einschneiden, mit Öl bestreichen und leicht mit Salz bestreuen. 7–10 Minuten in der Mitte des vorgeheizten Backofens backen.
- Das gefüllte Fladenbrot noch heiß in Streifen schneiden und servieren.

Tipp

Die Menge reicht, begleitet von einem Salat, als Mittagessen für für 2 bis 3 Personen. Oder als kleiner Snack oder zum Aperitif für 4 Personen.

Varianten

- Mit Rucola und Käse: 175 g zerkleinerten Frischkäse (z.B. Crescenza, Ricotta) und 50 g feinen Rucola auf den Teigboden verteilen, fertigstellen und backen wie oben beschrieben.
- Mit Rucola, Petersilie und Feta: Je 1 Bund Rucola und glattblättrige Petersilie, grobe Stiele entfernt, kurz in Salzwasser blanchieren, abgießen, kalt abschrecken und gut auspressen, dann fein hacken. Mit 175 g zerbröckeltem Feta auf den Teigboden streuen, mit der zweiten Teigfläche bedecken, die Ränder festdrücken. Die Oberfläche mit Öl beträufeln und mit 2 EL Sesamsamen bestreuen. Backen wie oben beschrieben.

Rucolabrötchen vom Grill

Für 6 Stück

300 g Mehl
2 TL Trockenhefe
200 ml lauwarmes Wasser
½ TL Meersalz
Olivenöl zum Bestreichen
½ Tasse gehackter Rucola
¼ Tasse gehackte Minze

- Mehl, Hefe, Wasser und Salz mischen und rasch zu einem Teig zusammenfügen. Kneten, bis er weich und glatt ist. Zu einer Kugel formen, mit Olivenöl bestreichen und zugedeckt bei Raumtemperatur auf das Doppelte aufgehen lassen.
- Den Teig in 6 Portionen teilen. Zu dünnen Rondellen ausrollen. Mit Rucola und Minze bestreuen, leicht salzen. Die Teigrondellen zur Hälfte zusammenschlagen und die Ränder festdrücken. Mit Olivenöl bestreichen.
- Auf dem Grill oder in der Grillpfanne unter Wenden bei mittlerer Hitze goldbraun backen. 10 Minuten zugedeckt in der Pfanne oder im 180 Grad warmen Backofen nachziehen lassen. Heiß oder lauwarm servieren.

Tipp
Als kleine Häppchen zum Apéro servieren.

Pasta mit Crevetten und Rucola

Für 4 Portionen

75–100 g Rucola
400 g frische Eierteigwaren (z.B. Linguine, feine Tagliatelle)
Meersalz
1 Knoblauchzehe, gehackt
½–1 rote Chili, halbiert, entkernt, gehackt
Olivenöl zum Dämpfen und Darüberträufeln
12–16 rohe Crevettenschwänze, geschält, entdärmt, längs halbiert
4 Zweige glattblättrige Petersilie, gehackt
½ Bund Schnittlauch, fein geschnitten
wenig Zitronenthymian, nach Belieben, abgezupfte Blättchen
schwarzer Pfeffer aus der Mühle
8 geröstete Tomaten*, in Viertel geschnitten

- Den Rucola verlesen, grobe Stiele entfernen, dann gründlich waschen und trockenschleudern.
- Die Frischteigwaren in siedendem Salzwasser al dente garen, abgießen und gut abtropfen lassen.
- Den Knoblauch mit der Chili in Olivenöl dämpfen, bis es gut riecht. Die Temperatur höher stellen, die Crevettenschwänze beifügen und unter Wenden rasch braten. Die Pfanne von der Herdplatte ziehen, Kräuter und Rucola darüberstreuen und mischen. Wenn nötig nochmals kurz auf die ausgeschaltete Herdplatte stellen.
- Die gekochten Teigwaren und die Tomatenviertel beifügen, sorgfältig mischen. Mit Salz und Pfeffer abschmecken.
- Anrichten und mit etwas Olivenöl beträufeln.

Rucolabrötchen vom Grill

Tipp
Das Gericht schmeckt warm, lauwarm oder kalt als Pastasalat.

***Geröstete Tomaten**
Feste, aber reife Tomaten waagrecht halbieren, leicht mit Meersalz bestreuen und mit der Schnittfläche nach unten auf einem Kuchengitter abtropfen lassen. Dann mit Haushaltpapier trockentupfen, mit Olivenöl und wenig flüssigem Honig bestreichen. Auf ein mit Backpapier belegtes Blech geben und in der Mitte des auf 140 Grad vorgeheizten Backofens (Backofentür einen Spalt breit offen lassen) 2 bis 3 Stunden oder länger (je nach Wassergehalt der Tomaten) rösten. Herausnehmen, auskühlen lassen. Haltbarkeit: Gut verschlossen im Kühlschrank 1–2 Wochen.

Pasta mit Rucola und Zitrone

Für 4 Portionen

300 g feine Pasta (z.B. Cappellini)
Meersalz
2 Knoblauchzehen, fein gehackt
kaltgepresstes Olivenöl
75–100 g Brotbrösel
1 Hand voll feiner Rucola, fein gehackt
½ Tasse glattblättrige Petersilie und Schnittlauch
2–4 Zweige Minze, fein gehackte Blättchen
2 unbehandelte Zitronen, fein abgeriebene Schale
frisch geriebener Parmesan

- Die Pasta in siedendem Salzwasser al dente garen, abgießen und gut abtropfen lassen.
- Den Knoblauch in Olivenöl weich dämpfen, die Brotbrösel beifügen und bei höherer Hitze unter ständigem Rühren golden rösten. Rucola, Kräuter und Zitronenschale beifügen und mischen.
- Die Kräutermischung unter die Pasta mischen, mit Öl beträufeln und anrichten. Frisch geriebenen Parmesan dazu servieren.

Linguine mit Rucola

Für 4 Portionen

150–200 g feiner Rucola
350–450 g Hartweizenpasta (z.B. Linguine, Spaghetti)
Meersalz
kaltgepresstes Olivenöl
1 unbehandelte Zitrone, geschält, in dünne Scheiben geschnitten
1–2 EL Zitronensaft
80–100 g frisch geriebener Parmesan
2–4 EL Doppelrahm oder Crème fraîche
schwarzer Pfeffer, grob zerstoßen

- Den Rucola verlesen, grobe Stiele entfernen, dann gründlich waschen, trockenschleudern und je nach Größe ganz lassen oder grob zerkleinern.
- Die Teigwaren in siedendem Salzwasser al dente garen, abgießen, dabei 150 ml Kochwasser auffangen. Die Pasta mit etwas Olivenöl in den Topf zurückgeben und auf der ausgeschalteten Herdplatte warm stellen.

Linguine mit Rucola

• Rucola, Zitronenscheiben und -saft sowie 60 g Parmesan beifügen und mischen. Mit etwas vom zurückbehaltenen Kochwasser beträufeln, den Doppelrahm oder die Crème fraîche beifügen und mischen. Nach Bedarf das restliche Kochwasser beifügen. Mit Pfeffer abschmecken.

• Die Pasta in vorgewärmte Teller anrichten, den restlichen Käse separat dazu servieren.

Pasta mit Rucola und Macadamianüssen

Für 4 Portionen

300 g Hartzweizenpasta (z.B. Linguine, Spaghetti)
Meersalz
100 g Macadamianüsse, gehackt
2 EL trockener Weißwein
2 Hand voll feiner Rucola
40 g geriebener Parmesan
4 Scheiben Parmaschinken, in Stücke gezupft
kaltgepresstes Olivenöl

• Die Pasta in siedendem Salzwasser al dente garen, abgießen und abtropfen lassen.

• Die Macadamianüsse golden rösten, von der Herdplatte ziehen, mit dem Wein ablöschen. Pasta, Rucola und Parmesan beifügen und mischen.

• Die Pasta in vorgewärmte Teller anrichten, den Rohschinken darauf verteilen und mit etwas Öl beträufeln.

Orzo mit Rucola und Oliven

Für 4 Portionen

350–400 g Orzo*
Meersalz
3–4 EL kaltgepresstes Olivenöl
1 unbehandelte Zitrone, abgeriebene Schale und Saft
8 Cherrytomaten, halbiert
60 g kleine schwarze Oliven (z.B. Niçoise)
60–80 g feiner Rucola
je ½ Tasse glattblättrige Petersilien- und Basilikumblätter
Zitronenschnitze zum Servieren

• Den Orzo in siedendem Salzwasser al dente garen. Abgießen und gut abtropfen lassen. Öl, Zitronenschale und -saft, Cherrytomaten, Oliven, Rucola und Kräuter beifügen und abschmecken.

• Anrichten und mit Zitronenschnitzen garnieren.

• Passt zu Fleisch- oder Gemüsespießen vom Grill.

Tipp
Schmeckt auch gut kalt serviert.

Einkaufen

*Orzo ist eine Sorte Hartweizenpasta von reiskornähnlicher Form. Je nach Marke oder Herkunft heißt sie anders, z.B. Risoni, Riso, Puntalette. Erhältlich in italienischen, griechischen oder türkischen Lebensmittelgeschäften.

2 dl
1½ dl
1 dl
½ dl

Pasta mit süßsaurem Gemüse und Rucola

Für 4 Portionen

2 rote Peperoni (Paprika), in Viertel geschnitten
1 rote Zwiebel, fein geschnitten
2 EL Balsamessig (siehe Seite 21)
2 EL Rohzucker
Meersalz
250 g kleine Hartweizenpasta (z.B. Orzo, Farfalline)
12 Basilikumblätter
100 g feiner Rucola
kaltgepresstes Olivenöl

- Die Peperoni mit Zwiebel, Essig und Zucker mischen. In eine ofenfeste Form geben und mit Salz würzen. In der Mitte des auf 180 Grad vorgeheizten Backofens 30 Minuten backen. Herausnehmen und auskühlen lassen.
- Die Pasta in siedendem Salzwasser al dente garen, abgießen und gut abtropfen lassen. Sofort mit dem Peperonigemüse, Rucola und Basilikum mischen, abschmecken.
- Die Pasta anrichten und mit etwas Öl beträufeln.

Varianten

- Nach Belieben 2 klein geschnittene Tomaten beifügen.
- Schmeckt sowohl warm wie auch kalt serviert.

Grillierte Rindssteaks mit Rucola

Für 4 Portionen

100 g feiner Rucola
4 Rindssteaks (z.B. Huft, Entrecôte), ca. 2 cm dick geschnitten
Olivenöl
wenig gehackter Rosmarin
50 g weiße Champignons, fein gehobelt
Parmesan, gehobelt, zum Servieren

Salatsauce:
2 TL Mayonnaise
wenig Zitronensaft
1 TL abgeriebene Zitronenschale
2–3 EL kaltgepresstes Olivenöl
Meersalz, schwarzer Pfeffer aus der Mühle

- Den Rucola verlesen, grobe Stiele entfernen, dann gründlich waschen und trockenschleudern.
- Die Rindssteaks mit Haushaltpapier trockentupfen, mit Olivenöl bestreichen und mit Rosmarin bestreuen. Zugedeckt bei Raumtemperatur ziehen lassen.
- Die Zutaten für die Salatsauce verrühren.
- Die Steaks mit Salz und Pfeffer würzen, auf dem Grill oder in der Grillpfanne unter Wenden 2–3 Minuten braten und auf vorgewärmte Teller geben.
- Den Rucola und die Pilze auf dem Fleisch anrichten, mit der Sauce beträufeln und mit Parmesan bestreuen.

Lammrücken mit Pesto

Für 4 Personen

2 Lammracks, à 4–6 Koteletts, mit feiner Fettschicht
6–9 frische Lorbeerblätter
Meersalz, schwarzer Pfeffer aus der Mühle
Olivenöl
2–4 Schalotten, fein geschnitten
Butter
600 g frische Erbsen, ausgelöst und blanchiert, oder tiefgekühlte Erbsen
1 Portion Rucola-Kräuter-Pesto (Seite 17)

- Die Fettschicht der Lammracks mit einem Messer einritzen, die Lorbeerblätter hineinstecken. Rundherum mit Salz und Pfeffer würzen.
- Die Lammracks unter Wenden in Öl rasch kräftig anbraten, dann auf ein Blech in die Mitte des auf 180 Grad vorgeheizten Backofens geben und 10–20 Minuten nachziehen lassen.
- Die Schalotten in Butter glasig dämpfen. Die Erbsen beifügen und mitdämpfen, bis sie weich sind. Mit einer Gabel zerdrücken, mit Salz abschmecken.
- Das Fleisch aufschneiden, mit den Erbsen und dem Pesto anrichten.

Gebratene Forellen mit Pilz-Rucola-Kruste

Für 4 Portionen

8 getrocknete Shiitakepilze
2 EL helle Sojasauce
1 Hand voll feiner Rucola, fein gehackt
2 EL gehackte glattblättrige Petersilie
1 Knoblauchzehe, durchgepresst
1 kleine Schalotte, fein gehackt
Olivenöl
Meersalz, schwarzer Pfeffer aus der Mühle
1 Stange Lauch, heller Teil, fein geschnitten
2 EL trockener Weißwein
4 große Forellenfilets (ca. 600 g) mit Haut
½ Zitrone, Saft

- Die zähen Stengel der Pilze entfernen, die Pilzhüte mit der Sojasauce und 200 ml heißem Wasser mischen, quellen lassen. Dann die Flüssigkeit bis auf 2 Esslöffel abgießen. Die Pilze mit Rucola, Petersilie, Knoblauch und Schalotte mixen. 1 bis 2 Esslöffel Öl dazugeben und weitermixen. Mit Salz und Pfeffer würzen, zugedeckt beiseite stellen.
- Den Lauch in wenig Öl glasig dünsten. Den Wein dazugießen und einkochen lassen. Mit Salz und Pfeffer würzen.
- Die Forellenfilets auf beiden Seite mit wenig Öl bestreichen. Nebeneinander, mit der Hautseite nach unten, auf ein mit Folie belegtes Blech legen. Mit Zitronensaft beträufeln, mit Salz und Pfeffer würzen. Die Pilzmischung auf den Fischfilets verteilen und mit dem Lauch bestreuen.
- Den Fisch in der Mitte des auf 200 Grad vorgeheizten Backofens 10–15 Minuten backen.

Gefüllter Thunfisch

Für 4 Portionen

2 Tassen Baby-Salatblätter (Jungsalatblätter) mit Rucola oder Mesclun (Seite 26)
1 großes Thunfischsteak (ca. 600 g schwer, 4 cm dick)
Meersalz

Marinade:
2–3 Limetten, Saft
2–3 EL helle Sojasauce
3–4 EL kaltgepresstes Olivenöl
1 TL Sesamöl, nach Belieben
wenig schwarzer Pfeffer, zerstoßen

- Die Salatmischung in eine Schüssel geben.
- Die Zutaten für die Marinade verrühren, über den Salat gießen und zugedeckt ziehen lassen.
- Das Thunfischsteak mit Haushaltpapier trockentupfen. Waagrecht eine Tasche einschneiden. Den Salat ohne Marinade in die Tasche füllen, zusammendrücken. Das Thunfischsteak mit der verbliebenen Marinade bestreichen. In der heißen Grillpfanne unter Wenden 4–6 Minuten braten. Von der Herdplatte ziehen und 2–3 Minuten nachziehen lassen.
- Den gefüllten Thunfisch in Streifen schneiden und mit der Marinade servieren.
- Dazu passt Salat oder Parfümreis.

Fischfritters mit Salsa verde

Für 4–6 Portionen

500 g Fischfilets, in Würfel geschnitten
Meersalz, schwarzer Pfeffer aus der Mühle
Kokosfett oder Frittieröl
Zitronenschnitze

Ausbackteig:
150 g Mehl
½ TL Meersalz
2 Eigelb
2 EL Olivenöl
175 ml helles Bier, Raumtemperatur
2 Eiweiß

Salsa verde:
30 g feiner Rucola, gehackt
½ Bund glattblättrige Petersilie, fein gehackt
1 Bund Schnittlauch, fein geschnitten
je ½ TL Thymian und Oregano, gehackt
3–4 EL Kapern, gespült, gehackt
1 Schalotte, fein gehackt
½ Zitrone, abgeriebene Schale und Saft
4–5 EL kaltgepresstes Olivenöl

- Für den Ausbackteig Mehl und Salz mischen. Die Eigelbe mit Öl und Bier verrühren, zum Mehl geben und nur kurz mischen. Zugedeckt 1 Stunde bei Raumtemperatur stehen lassen. Kurz vor der Verwendung die Eiweisse steif schlagen und sorgfältig darunterziehen.
- Für die Salsa verde die Zutaten mischen, mit Salz und Pfeffer würzen. Nicht länger als eine Stunde im Voraus zubereiten, damit die Sauce kräftig grün bleibt.

Gefüllter Thunfisch

• Die Fischwürfel mit Haushaltpapier trockentupfen und würzen. Portionenweise im Ausbackteig wenden und im 180 Grad heißen Fett goldbraun frittieren. Mit einer Schaumkelle herausheben und auf Haushaltpapier abtropfen lassen.
• Die Fischfritters mit der Salsa verde und Zitronenschnitzen servieren.

Varianten
Kann auch mit Hühnerfleisch, Kalb- oder Schweinefleisch, Crevetten, Jakobsmuscheln usw. zubereitet werden.

Fischsuppe mit Rucola-Aïoli

Für 4 Portionen

Rucola-Aïoli:
6–8 Knoblauchzehen, ungeschält
1 kleine mehlig kochende Kartoffel, ungeschält
1 Portion Rucolamayonnaise, nur mit 150 ml Olivenöl zubereitet (Seite 18)

300 ml Fischsud oder -fond*
1 Bouquet garni (Kräutersträußchen), bestehend aus Petersilie, Thymian, Lorbeer sowie 1 Stück Zitronen- oder Orangenschale
4–5 feine Karotten (ca. 250 g), geschält, längs halbiert
2 Kohlrabi, geschält, in Viertel geschnitten
1 Fenchel, in Streifen geschnitten
1 Stange Lauch, nur heller Teil, längs halbiert
300 ml trockener Weißwein
400 g gemischte Fische (z.B. Kabeljaubäckchen, Seeteufel), in Würfel geschnitten
Meersalz, schwarzer Pfeffer aus der Mühle
1 Bundzwiebel, fein geschnitten

• Für das Rucola-Aïoli den Knoblauch zusammen mit der ungeschälten Kartoffel zugedeckt weich garen. Beides schälen und zusammen fein pürieren.
• Die Rucolamayonnaise nach Anweisung zubereiten, am Schluss das Knoblauch-Kartoffel-Püree daruntermischen und abschmecken. Bis zur Verwendung zugedeckt kalt stellen.
• Den Fischsud oder -fond mit dem Bouquet garni aufkochen. Das Gemüse beifügen und bei kleiner Hitze knapp weich garen. Mit einer Schaumkelle herausheben und zugedeckt beiseite stellen.

- Den Wein zum Kochsud gießen und aufkochen. Den Fisch beifügen und bei kleiner Hitze 5–10 Minuten ziehen lassen. Mit der Schaumkelle herausheben und zugedeckt beiseite stellen.
- Den Kochsud durch ein Sieb gießen und in den Topf zurückgeben. Nach Bedarf mit Wasser auf 600 bis 700 ml auffüllen, aufkochen. Mit Salz und Pfeffer würzen.
- Das Aïoli unter Rühren in den leicht kochenden Sud geben. Bis knapp vor den Kochpunkt bringen. Gemüse und Fisch beifügen, warm werden lassen und anrichten. Mit Bundzwiebel bestreut servieren.
- Dazu passt Baguette.

Varianten

- Gemüse der Saison verwenden.
- Zum Binden des Aïoli statt einer Kartoffel 50 g geschälte, gemahlene Mandeln oder eingeweichtes Toastbrot (ohne Rinde) verwenden.
- Für eine klare Fischsuppe: Aïoli separat dazu servieren.

Einkaufen

*Fischsud oder -fond gibt es fertig gefroren, im Glas oder als Pulver im Beutel zu kaufen. Er kässt sich aber auch einfach selbst zubereiten: 1–1,5 kg Fischabschnitte, grob gehackt, mit 300 g grob zerkleinertem Suppengemüse, 1 Bouquet garni, dem Saft von 1 Zitrone und kaltem Wasser aufkochen und 30 Minuten bei kleiner Hitze ziehen lassen. Durch ein Sieb gießen und weiterverwenden oder auskühlen lassen und anschließend portionenweise tiefkühlen.

Rezeptverzeichnis

Dressings, Saucen und Pasten

Salate und Salatgerichte

Warme Gerichte